엔화의 미래

엔화의 미래

50년 만의 엔저,
일본 경제의
희망인가
독인가?

가라카마 다이스케 지음 |

신희원 옮김

에이지21

시작하며

중장기적으로 진부해지지 않는 토의를

2022년 3월 이후 세계가 우크라이나 위기로 흔들리는 가운데 일본에서는 오로지 엔화 환율의 속절없는 하락만이 연신 보도되었다. 외환시장을 중심으로 경제와 금융 분석을 생업으로 하는 나에게도 많은 문의가 쏟아졌다. 2022년의 '엔저 대세론'이라고도 할 수 있는 상황에 이른 2021년 내내 나는 '오로지 코로나 감염 대책에만 매달리는 일본은 세계 금융시장에서 외면당하고 있다'는 내용의 기사를 작성했다. 특히 2021년 가을부터는 달갑지 않은 엔저가 한층 심화될 가능성에 불안감을 표해왔다. 이런 까닭에 2022년 봄 이후의 엔저 상황을 보고 현재의 엔저를 어떻게 해석해야 하는지 책으로 정리해달라는 의뢰를 받았다.

그러나 나는 외환시장의 변동을 서적이라는 형태로 분석을 고정시켜 사회에 내놓는 일이 위험한 행위라고 생각해서 늘 거절해왔다. 왜냐하면 내용이 진부해지는 리스크를 마주하고 있기 때문이다. 당장 눈앞의 시장 동향을 분석하기 위함이라면 책이라는 매체는 전혀 맞지 않다. 주요 경제지 대부분이 지식인의 온라인 칼럼 코너를 가지고 있다는 점에서도 드러나듯이 주간이라는 빈도라고 하더라도 시장 동향을 파악하는 매체로 결코 적합하다고 할 수 없다. 하물며 책은 더욱 맞지 않는다.

그렇지만 이 시장 동향이 일련의 구조적 변화를 내포하고 있을 가능성이 있다면 비망록으로 분석을 남길 가치는 있다. 이번에 책을 쓴 배경에는 이런 생각이 담겨 있다. 따라서 이 책에서는 '1달러=○엔'과 같은 명목적 가치의 변천을 최대한 배제하고 어디까지나 중장기적인 관점으로 바라보기 위해 노력했다. 엔저가 되면 엔저를, 엔고가 되면 엔고를 일부러 더 강조하는 책이 많은 듯한데 여기서는 그런 지조 없는 책처럼 비치지 않도록 고민을 거듭했다.

앞으로의 외환 환율은 엔저로 향할까, 엔고로 향할까. 혹은 엔저는 좋은 일일까, 나쁜 일일까. 풍문에 떠도는 단순한 이원론에 얽매이지 않고 '엔화, 나아가 일본 경제의 구조 변화'를 가능한 간략히 묘사하여 전체상을 이해하는 것을 이 책의 목적으로 삼았다. 따라서 명확한 방향을 지금 당장 알고 싶어 하는 독자보다도 일본 경제와 엔화의 어떤 점이 달라지고 있는지 혹은 달라지려고 하는지를 긴 관점에서 알고 싶어 하는 독자의 기대에 부응하기 위해 노력했다.

나는 업무상 이런 장기적 관점을 기관 투자가로부터 자주 질문을 받는데 이 질문은 개인의 자산 형성에서도 당연히 중요하다. 선악은 둘째 치고 2012년 이후의 일본 경제와 엔화를 둘러싼 환경은 확실히 예전과 크게 달라졌다. 그 사실을 잘 이해하는 것만으로도 환율의 움직임에 집착이 매우 강한 일본이라는 나라의 특성을 감안하면 의미가 있다고 생각한다.

50년 만의 엔저로 생각하는 앞으로의 향방

2021년과 2022년에 볼 수 있었던 엔저는 일본이라는 나라의 정치, 경제가 외면당한 결과로도 받아들여졌다. 실제로 경제성장률과 금리, 수요와 공급과 같은 펀더멘탈에 비추어 엔화 매도에는 일정한 정당성이 있는 것처럼 보였다. 일본의 역사상 이 정도로 대내외의 펀더멘탈이 맞물린 엔화 매도도 드물다는 것이 나의 솔직한 인상이었다.

일본에서 본격적인 엔저의 위험이 부상되기 시작한 것은 2022년

3월 이후로, 4월 이후에는 간헐적으로 '미국 달러 대비 20년 만의 엔저 수준'이 이목을 끌었다.(※별도로 언급하지 않는 한 미국 달러는 '달러'로 표기한다) 일본에서 엔화 환율이라고 하면 암묵적으로 달러 대비 환율을 가리키는 경우가 많은데, 실제로 달러 이외의 통화에 대해서도 엔화는 대체로 약세였다. 언론에서는 엔저는 '달러 강세의 이면'으로 해석했지만 사실 더 폭넓게 이해할 필요가 있었다.

이렇듯 외환시장에서는 특정 통화 조합만 봐서는 파악할 수 없어 상대적인 통화의 실력을 측정하기 위한 종합적 지표로 실효 환율이라는 개념이 있다. 이 실효 환율에는 국내외의 물가 격차를 고려한 실질 베이스와 물가 격차를 고려하지 않은 명목 베이스 두 종류가 있다. 주요 무역 상대국에 대한 해당 국가의 실력과 종합적 능력은 실질 베이스의 실효 환율(REER, Real Effective Exchange Rate)을 사용하는 경우가 많다. 이미 2021년 말 시점의 REER은 변동 환율제로 바뀐 1973년 직후와 같은 수준까지 떨어졌다. 이를 두고 '약 50년 만의 엔저'라는 헤드라인이 나온 사실은 모두가 잘 알 것이다. 앞에서 말했듯이 향후의 외환시장 동향을 분석하는 데에 책이라는 매체는 전혀 맞지 않지만 50년 만에 기록된 낮은 수준을 앞에 두고, 일시적인 아닌 항구적인 구조 변화의 태동을 고찰하는 것은 자연스러운 분석 태도라 할 수 있다.

분명 수치의 움직임을 보면 무언가 큰 변화가 일어나고 있다는 느낌이 든다. 2022년 9월 중순 시점의 달러/엔 환율은 2022년 초의 폭(최고치-최저치)이 31.52엔(144.99-113.47)에 이르렀다. 이것은 아시아 통화위기가 일어난 이듬해 러시아 LTCM 위기가 있었던 1998년(35.81엔) 이래 가장 큰 폭이다. 또 1985년 이후 38년간(1985-2022) 31.52엔을 넘은 해는 5회(1985년, 1986년, 1987년, 1990년, 1998년)밖에 없다. 1998년 외에 1985~1990년은 플라자 합의 직후로 국제적인 정책 협조의 여운이 남은 시기라고도 할 수 있다. 참고로 '엔저의 해'(연초와 연말을 비교해서 엔 약세와 달러 강세가 진행된 해)에 한하면 2022년은 플라자 합의 이후 최대 폭이다. 그리고 2022년 다음으로 컸던 엔저의 해는 1989년(28.45엔)이다. 이는 1980년대 내내 서서히 규제 완화가 진행되던 대외 증권 투자(외환 거래로는 엔화 매도, 외화 매수)가 정점을 찍던 시기였다는 사정 등을 지적할 수 있다.

모두가 잘 알고 있듯 1989년은 일본 경제의 버블이 절정에 달한 시기로 증권 투자뿐만 아니라 일본에서 해외로 위험 감수가 매우 활발하게 이루어진 시기로 알려져 있다. 물론 명목 환율의 폭에 과도한 의미를 부여해서는 안 되겠지만 이 책을 집필하는 시점인 2022년의 움직임이 버블 시대를 증거로 내세워야 할 만큼 역사적인 크기라는 점은 사실이다. 이런 상황에서 변화에 대처하기 위한 분석 태도는 역시 타당하다고 할 수 있다.

10년 전 과거

원래 '안전 자산인 엔화 매입'이나 '위험 회피를 위한 엔화 매입'과 같은 말은 금융시장에 익숙하지 않은 사람에게는 이해하기 어려운 개념이었다. 세계 최악의 정부 채무를 안고 있고, 세계에서 가장 빠른 속도로 저출산, 고령화가 진행되고 있으며, G7 중에서도 잠재성장률이 압도적으로 낮은 나라의 통화가 왜 안전할까. 경제와 금융에 밝지 않은 보통 사람이 직감적으로 의문을 가지는 것도 당연하다.

내 기억에 '왜 엔화가 안전 자산인가' 하는 의문을 품었던 것은

2011년 3월 11일에 일어난 동일본대지진과 이로 인한 후쿠시마 제1원자력발전소의 사고로 말미암아 1달러=80엔 아래로 떨어져 엔고(달러저)가 진행된 때였다. 100년에 한 번 일어날까 말까 하는 국가적 재난이라 불리며 원자력발전소 사고로 수도 도쿄가 파멸할 것이라는 소문이 돌던 때조차도 모두 엔화를 사들였다. 그 후에도 북한이 일본을 향해 미사일 발사 실험을 했을 때도 엔화를 샀다. 위기의 낭사자가 일본이라 할지라도 엔화만큼은 도피처로 생각하고 사들이는 사태가 몇 번이고 반복되어 왔다.

　이 일들은 일부에서 '일본 매도'라는 표현과 함께 엔저가 진행되고 있는 이 책 집필 시점에서 10년쯤 전의 일이다. 최근 10년의 변화만 봐도 '2011~2012년부터 약 10년 사이에 일본 경제, 특히 엔화 환율 구조가 변했는가' 하는 테마는 고찰할 가치가 있다.

　일본 경제를 폭넓게 돌이켜보며 과거, 현재, 미래를 모두 논하는 것은 이 책의 취지와 맞지 않는다. 그 대신에 '2011~2012년부터 10여 년간 일본 경제, 특히 엔화 환율 구조가 변했는가' 하는 물음을 중시하며 최대한 객관적 데이터를 통해 구조 변화의 가능성을 지적하려고 노력했다. 어디까지나 가능성일 뿐 반드시 그렇다는 것은 아니지만 나는 지금 모두가 알아야 하는 변화라고 생각하여 소개했다. 자원의 순수입국인 일본에서 '통화의 가치'는 국민 생활의 생사여탈의 중요한 테마이기 때문이다. 역사적으로 엔저를 절대적 정의로 규정한 시대가 길었던 일본에서 이 테마를 이해하기란 어려울지도 모른다.

그러나 일반적으로 통화 강세는 선진국의, 통화 약세는 개발도상국의 고민이었다. 오랫동안 '통화 강세(엔고)'로 고민해온 일본이 '통화 약세(엔저)'로 고민하게 된다면 이것은 다른 의미로 선진국에서 개발도상국으로 추락한다는 의미를 포함하는 것인지도 모른다. 이 책에서는 그런 내용까지 다룰 지면은 없지만 과거 10년간 엔화 가치의 구조가 변하기 시작했다는 사실은 완전히 부정할 수 없다. 기초적인 경제 통계를 들어 그 구조 변화의 실상을 좇아 보자. 여러분이 일상생활에서 접하는 일본 엔화의 오늘, 그리고 미래에 대해 생각할 계기를 줄 수 있다면 더할 나위 없이 기쁠 것이다.

차례

제1장

저무는
성숙채권국의 지위

제 2장

엔저 공죄론이라는 사고방식
위험하고 안이한 선악 이원론

제 3장

'값싼 일본'의 현상과 전망
관광 대국은 필연인가?

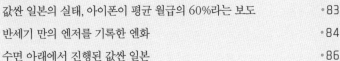

제4장

정말 두려워해야 하는 것은
가계의 엔화 매도

점잖은 일본인은 변할 것인가?

제5장

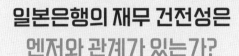

일본은행의 재무 건전성은
엔저와 관계가 있는가?

제6장

팬데믹 이후의 세계 외환시장
통화 강세 경쟁의 기운

제 1 장

저무는
성숙채권국의 지위

2021년 이후 독보적인 엔저 현상의 배경

'2011~2012년 무렵부터 10여 년간 엔화 환율 구조가 어떻게 변했는가' 하는 질문에 답하려면 국제수지 통계를 중심으로 일본의 대외 경제의 변화부터 설명해야 한다. 국제수지 통계에서 드러난 변화는 세계에서 으뜸가는 채권국이었던 일본을 둘러싼 경제 환경이 크게 변했다는 현실을 그대로 보여준다. 먼저 1장에서는 가장 중요한 이 논점을 이야기한다.

덧붙여 2021년부터 2022년에 걸쳐 엔화에서만 독보적으로 나타난 엔화 약세(표 1)가 이 책을 집필하게 된 경위이기도 하다. 당장 눈앞의 환율 동향보다는 중장기적으로 논하겠다는 이 책의 취지에서 본다면 다소 앞뒤가 맞지 않지만 '이 시기에 왜 엔화만 두드러지게 팔렸는지' 나 나름의 기본 인식도 밝혀둔다. 2021년부터 2022년의 일본의 정치와 경제 상황을 보았을 때 엔화 자산에 투자하는 재료는 객관적으로 빈약하다고 말할 수밖에 없다. 다양한 설명 변수가 뒤얽히는 외환시장에서는 구체적인 투자 재료를 여럿 들 수 있지만 이 책에서는 ①성장률, ②금리, ③수요와 공급이라는 기본적인 논점에서 해설을 덧붙여서 살펴볼 예정이다. 1장에서 다루는 일본의 대외 경제 부문의 변화는 ③수요와 공급이라는 논점과 얽혀 있다. 따라서 이 점이 특히 중요한 논점의 시작이다.

먼저 ①성장률을 보면 경제성장률의 강약이 통화 가치와 연동될 정도로 변동 환율은 단순하지 않다. 항상 이런 관계성이 성립한다면 G7 국가 중에서 늘 열등생인 일본의 엔화 가치가 높아지는 일은 2000년대에 들고부터 일어날 수 없다. 그러나 '50년 만의 엔저'라며 떠들어댄 2021년부터 2022년을 두고 말하자면 그 단순한 세계가 G7 통화의 세계에서는 대체로 성립한 것으로 보인다.(표 2) 이는 코로나 팬데믹 이후를 주목하여 2021년 봄부터 거리두기 조치 등을 해제하고 뒤처진 2020년을 만회라도 하듯 잠재성장률의 두세 배

[표 1] 달러/엔 환율과 명목 실효 엔화 환율

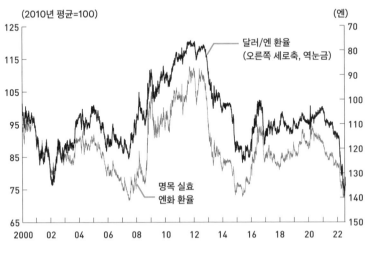

출처 I Macrobond

20

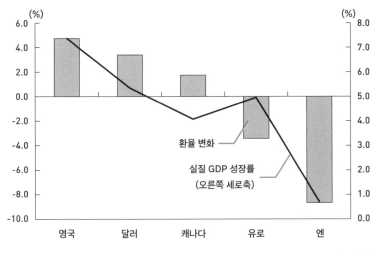

출처 I Marcobond, IMF ※ 2021년 12월 31일 시점

속도로 내달린 미국, 유럽의 경제와 항상 일일 신규 감염자 수에 연연하여 두려움에 떨며 행동 규제의 길을 걸어온 일본 경제와의 차이로 볼 수도 있다.

　여기서 '유럽과 미국은 2020년의 하락이 컸기 때문에 2021년의 회복도 컸다'와 같은 의견도 있을 수 있는데, 이것은 반은 맞고 반은 틀린 주장이다. [표 3]은 2022년 7월에 발표된 'IMF 세계 경제 전망'의 실질 국내총생산(GDP) 성장률에 관해 2020~2021년의 실적과 2022년의 예측을 누적하여 비교한 자료다. 가장 높은 것이 미국으로 +4.6%p, 가장 낮은 것이 일본으로 –1.2%p이다. 마이너스는 독일(-0.6%p)과 일본뿐인데 일본의 뒤처짐이 눈에 띈다. 독일이 마이너스에 빠진 것은 우크라이나 전쟁 위기의 당사자나 다름없는 상황에 놓이며 2022년 초봄부터 급격히 경기가 얼어붙었다는 사정이 있다. 2021년 독일의 성장률은 +2.8%로 잠재성장률을 크게 웃돈다는 점에서 어디까지나 '전쟁으로 인한 하락'이라고 정리할 수 있다. 오히려 전쟁의 당사자 격인 독일과 비교하더라도 일본의 하락이 눈에 띄게 크다는 사실이 2022년 7월 시점에서 특히 눈여겨보아야 할 점이다.

이 책을 집필한 시점에서 일본 경제는 아직 코로나 팬데믹의 상처가 채 회복되지 않은 희귀한 선진국이란 위치에 서 있다. 독일은 코로나 팬데믹의 상처를 회복하는 찰나에 전쟁이 일어나며 다시금 가라앉았다고 하지만, 일본은 2년 이상 팬데믹의 상처를 질질 끌고 있다. 더

[표 3] IMF 세계 경제 전망(2020~2022년의 누적 성장률)

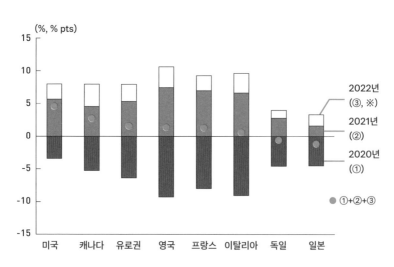

출처 I IMF, 2022년은 'IMF 세계 경제 전망'(2022년 7월의 예측치)

욱이 [표 3]을 보면 일본 다음으로 뒤처진 성장세를 보인 나라가 독일과 이탈리아임을 알 수 있는데, 이 세 나라는 원자력발전소의 가동을 회피하여 천연가스를 필두로 한 자원 가격 상승의 영향을 받기 쉽다는 공통점이 있다는 것도 지적하고 싶다.

성장률의 격차는 금융 정책의 격차

　　이런 ①성장률의 논점은 금리, 나아가 금융 정책 ②금리라는 논점으로도 이어진다. 코로나 팬데믹이 직격타를 날린 2020년의 이듬해인 2021년 미국과 유럽 경제는 왕성한 수요를 회복함으로써 물가가 급등하여 미국, 유로권, 영국은 일제히 저력을 보여주며 잠재성장률의 두 배 이상을 실현했다. 그 덕분에 2021년 종반에는 금융 정책의 정상화 논의가 활발해지고, 2022년 들어서는 논의를 넘어 실행으로 옮겨 나갈 수 있었다. 2022년 이후 미국과 유럽에서는 인플레이션을 경계하는 분위기가 현저히 높아졌는데, 이것은 자원 가격의 급등은 물론 호조세를 보이는 경기에 더욱 수요 초과가 일어나 원재료와 인건비 등 생산 요소의 가격이 급등했다는 측면도 있다. 당연히 중앙은행은 인플레이션 억제를 위해 시장에 금리 인상의 신호를 분명히 주고, 해당 국가의 통화 금리는 착실하게 오르며 투자자도 재미를 볼 수 있었다.

한쪽에서 유럽과 미국이 왕성한 수요를 회복하는 동안 다른 한쪽에서 일본은 신규 감염자 수의 절대 수준에 연연하여 효과도 불분명하고 근거도 희박한 행동 규제로 성장률을 억누르기에 급급했다. 이 책을 집필하는 시점에는 감염 대책인 마스크 착용을 포함한 행동 규제는 적어도 많은 선진국에서 표준 대책에서 제외되었다. 그러나 일본에서는 항상 모든 언론에서 일일 신규 감염자 수를 크게 다루고, 그

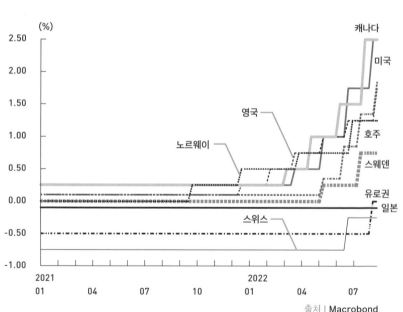

[표 4] 주요 국가의 정책 금리

출처 | Macrobond

숫자가 늘어날 때마다 'O차 유행'이라며 마치 기다렸다는 듯이 보도했다. 마스크 착용을 '해제한다'는 구분 없이 '왠지 불안하니까 마스크는 필수'라는 분위기가 사회 전반에 맴돌았다. 내가 감염증의 전문가가 아니어서 대책의 효과를 논할 수 없지만 이런 엄격한 조치를 바라는 국민성이 정부의 궤도 수정을 어렵게 만든다는 느낌을 강하게 받았다. 이 책을 집필하는 시점에서 그것이 바뀔 분위기조차 없다.

이런 상황에서 미국 및 유럽 대비 일본의 소비와 투자 의욕이 후퇴하는 것은 필연적인 귀결이었다. 2022년 중반 이후는 미국과 유럽도 인플레이션 아래의 경기 침체, 즉 스테그플레이션의 우려가 강해졌는데 전년도인 2021년에 높은 성장을 이루었다는 점이 일본과의 큰 차이였다.

경제 활동의 정상화를 우선 과제로 삼은 미국과 유럽에서는 왕성한 수요와 팬데믹에 따른 공급 제약이 겹치며 인플레이션이 문제가 되었고, 금융 정책은 단숨에 위기 대응을 위한 완화 노선에서 물가 안정을 위한 긴축 노선으로 급선회했다. 만성적 행동 규제도 있어서인지 저성장에 시달리는 일본의 금융 정책이 이를 쫓아갈 새도 없이 안팎의 금융 정책 격차는 한층 더 벌어지며 이것이 엔화 매도의 등을 떠미는 구도가 만들어졌다. 적어도 이 책을 집필하는 시점에서는 주요 국가의 정책 금리는 명확히 '일본'과 '일본 이외'로 나뉜다.(표 4) 감염 예방 대책의 옳고 그름을 논할 생각은 없지만 적어도 2021년과 2022년에 한해서 말하면 코로나19의 대처 차이가 성장률 격차와 금융 정책 격차, 나아가 통화의 강약으로 이어졌다는 사실은 상당히 가능성이 크다.

철벽 같은
수급 환경의
신뢰

이와 같은 ①성장률과 ②금리는 외환시장을 움직이는 중요한 요소다. 그러나 가장 뿌리 깊은 엔저 요인은 ③수요와 공급으로 1장에서 가장 강조하고 싶은 논점이다. 앞서 말한 '2011~2012년부터 10여 년간 엔화 시세의 구조가 어떻게 변했는가' 하는 물음에 깊이 연관되어 있기도 하다. 즉 2022년 3월 이후에 주목하는 엔저 상황이 앞으로 장기에 걸쳐 '값싼 일본'의 시작을 시사한다면 이 점에서 현상과 전망을 논하는 것이 가장 정공법이라고 생각하기 때문이다.

외환시장에서 엔화가 안전 자산이라고 불린 최대의 이유는 고액의 경상수지 흑자를 안정적으로 쌓아 결과적으로 '세계 최대의 대외 순자산국'이라는 지위를 유지해온 데에 있다. 이것은 바꿔말하면 세계에서 가장 외화로 순자산을 많이 보유한 나라로 '유사시 그만큼 외화를 매도하여 시간을 벌 수 있는 여유가 있다'라고도 해석할 수 있다.
실제로 대외 순자산에는 매각이 어려운 자산도 많이 포함되어 있지만
적어도 전 세계의 통화 가운데 상대적으로 방어 능력이 높을 것 같은
통화임은 사실이다. 세계 최악의 정부 채무액과 빠른 속도로 진행되
는 저출산, 고령화, 결과적으로 저성장 등의 상황임에도 엔화와 일본
국채가 안정되어 있던 배경에는 이런 철벽 같은 수급 환경에 대한 신
뢰가 있었음이 틀림없다.

뒤에서 논하겠지만 2011~2012년을 경계로 일본은 무역 흑자
를 잃었다. 하지만 그것을 보충하고도 남는 제1차 소득수지 흑자가 있
어 경상수지 흑자는 높은 수준을 유지했다. 경상수지 흑자를 주축으로
하는 '철벽 같은 수급 환경'의 신뢰가 흔들린 것이 2021~2022년이었
다. 지금부터 이론적인 구조에 따라 그 사정을 알기 쉽게 설명하겠다.

국제수지의
발전단계설로 보는
구조 변화

경제학에는 국제수지의 구조가 경제 발전에 따라
변한다는 '국제수지의 발전단계설'이 있다. 1950년대에 경제학자 클

로저와 킨들버거가 주장한 개념이다. 간단하게 말하면 한 나라가 채무국에서 채권국으로 발전하는 단계를 국제수지의 관점에서 여섯 단계로 나누어 정의 내린 이론이다.(표 5)

일본은 1970년대 이후 무역수지 흑자를 확보한 데다가 해외 투자의 이자와 배당금 등을 나타내는 제1차 소득수지도 흑자를 이어옴으로써 항상 큰 폭의 경상수지 흑자를 기록해왔다. 이 경상수지 흑자의 누적이 '세계 최대의 대외 순자산국'이라는 지위다. '무역수지와 소득수지 양면으로 벌어들인다'는 것은 발전단계설에서 말하는 '미성숙

[표 5] 국제수지의 발전단계설

	① 미성숙 채무국	② 성숙 채무국	③ 채무 변제국	④ 미성숙 채권국	⑤ 성숙 채권국 (2012년경 ~현재)	⑥ 채권 소진국 (미래?)
경상수지	적자	적자	흑자	대폭 흑자	흑자	적자
무역·서비스 수지	적자	흑자	대폭 흑자	흑자	적자	적자
제1차 소득수지	적자	적자	적자	흑자	대폭 흑자	흑자
대외 순자산	적자	적자	적자	흑자	대폭 흑자	흑자
금융 수지	흑자	흑자	적자	대폭 적자	적자	흑자

출처 | 필자 작성

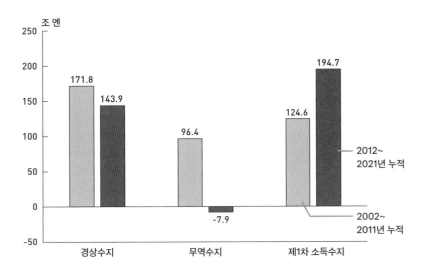

[표 6] 경상수지 구조의 변화(10년 누적 비교)

조 엔

- 171.8 (경상수지, 2002~2011년 누적)
- 143.9 (경상수지, 2012~2021년 누적)
- 96.4 (무역수지, 2002~2011년 누적)
- -7.9 (무역수지, 2012~2021년 누적)
- 124.6 (제1차 소득수지, 2002~2011년 누적)
- 194.7 (제1차 소득수지, 2012~2021년 누적)

2012~2021년 누적
2002~2011년 누적

출처 | 일본 재무성

채권국'(표 5의 ④) 상태였다.

이 상태가 변하기 시작한 것이 2011~2012년이었다. [표 6]을 보면 쉽게 이해할 수 있다.

'2002년부터 2011년까지 누적액'과 '2012년부터 2021년까지 누적액'을 비교하면 경상수지는 172조 엔에서 144조 엔으로 감소하긴 했으나 여전히 높은 수준이다. 이것은 무역수지 흑자가 소멸한 한편 제1차 소득수지가 대폭 증가한 결과다.* 구체적으로 수치를 보면

---

*   경상수지는 무역·서비스수지, 제1차 소득수지, 제2차 소득수지의 합계인데 대체로 무역수지와 제1차 소득수지에서 이해할 수 있다.

같은 기간에 무역수지는 96조 엔의 흑자에서 8조 엔의 적자로 돌아섰으나 제1차 소득수지는 125조 엔에서 195조 엔으로 대폭 흑자가 확대되었다. 그 결과 경상수지 흑자의 감소는 한정적 효과에 그쳤다.

'무역수지가 아닌 소득수지로 번다'는 것은 성숙채권국(표 5의 ⑤)의 모습이다. 리먼 사태, 유럽 채무 위기, 아베노믹스라는 국면 변화를 경험한 직후의 10년간(2012-2021) 일본은 '미성숙채권국'을 졸업하고 나라의 발전이 한 단계 나아간 것은 틀림없다. 여기에 구조 변화의 흔적을 확인할 수 있다. 여기까지는 찬반이 나뉠 여지가 거의 없다.

참고로 [표 7]에서도 볼 수 있듯이 2012년 이후 무역수지 흑자

[표 7] 무역수지와 달러/엔 환율

(주) 무역수지는 2년 선행하여 표시, 6개월 이동평균 사용
출처 | Bloomberg

를 내지 못하게 된 것이 이후 두드러진 엔고·달러저가 일어나지 않은 것과 무관하다고는 도저히 보기 어렵다. 이 시기에 무역수지 흑자가 소멸한 배경은 하나가 아닐 것이다. 역시 거듭된 초엔고와 태풍 등의 자연재해를 염두에 두고, 리스크 헤지 차원에서 해외로 생산 거점을 옮기는 움직임이 활발해진 사실은 자주 지적된다. 또 동일본대지진의 후쿠시마 제1원자력발전소 사고를 계기로 일본의 전력원 구성에서 석탄과 화력 발전 의존도가 높아져 필연적으로 광물성 연료의 수입액이 늘어난 사실도 주목받는다.(이 점은 2022년 이후 한층 클로즈업되고 있다) 다만 여러 이유가 있겠지만 '무역수지가 아닌 소득수지로 번다'는 단계로 나아가는 것은 이론적으로 상정한 대로의 전개다.

의심스러운 성숙 채권국

문제는 지금부터의 전개다. 이론상 다음에 오는 단계는 '채권소진국'(표 5의 ⑥)으로 이 경우 무역수지의 적자에 더해 제1차 소득수지의 흑자도 감소로 돌아서 경상수지가 적자로 전락한다. 물론 그렇게 될 때까지는 시간이 많이 걸린다. 또한 반드시 그렇다는 것도 아니다.

하지만 2021년과 2022년에 걸쳐서 자원 가격이 급등하고 무역수지 적자가 비선형으로 확대되는 사태가 보인 2022년 상반기(1~6월)의 무역수지 적자는 사상 최대(7.9조 엔)를 기록했다. 이런 가운데 2021년 12월과 2022년 1월에는 연속으로 경상수지가 적자로 전락하는 움직임도 일시적이나마 보였다. 이때 원래부터 있었던 저성장·저금리라는 단기적 엔화 매도 요인에 더해서 수급 구조의 변화라는 장기적 엔화 매도 요인도 의식하게 되었다. 실제로 당시로서 사상 두 번째 규모의 경상수지 적자를 기록한 2022년 1월분의 국제수지 통계가 발표된 3월 8일의 주간부터 엔저는 가속화되었다. 물론 국제수지 통계와 엔저의 인과 관계는 난언할 수 없지만 이런 사실이 있었다는 점은 염두에 두어야 한다.

크나큰 수급 구조의 변화를 거쳐 채권소진국에 얼마나 가까워졌는지는 앞으로 긴 시간이 흐르고 역사를 돌이켜보지 않으면 모른다. 나도 단언할 생각은 없다. 그러나 적어도 '그 가능성을 고려하여 정책을 검토하고 집행해야 한다'는 것이 이 책 집필 시점에서의 나의 기본 인식이다. 2022년 3월 이후 엔저에 사용된 '구조적 변화'라는 표현의 의미는 '경상수지의 악화(상징적으로는 적자화)'를 가리키는 경우가 많은데, 이것은 정의상 채권소진국으로의 전락을 의미할 우려를 의식한 것으로 보인다. 2022년 이후에 직면한 '경상수지의 악화'는 '무역수지 적자의 확대'와 같은 뜻이고, 이것은 원유와 천연가스 등의 광물성 연료 가격이 급등한 결과였다. 따라서 2022년 이후에 일어난 경상수지의 악화가 구조적인 변화로 정착되고 성숙채권국을 지나 채권소진국이 될지 여부는 자원 가격의 전망에 의존한다는 이야기이기도 했다.

자원의 가치 상승은 채권소진국을 예감하게 하는 계기

그렇다면 자원 가격의 오름세는 이어질 것인가. 2022년 이후 자원의 가치 상승 배경에는 탈탄소, 코로나, 전쟁과 같은 큰 물결이 지적되고 있는데 어느 정도 구조적이라는 인상을 준다. 예를 들어 탈탄소를 배경으로 하는 화석 연료의 공급 제약은 어느덧 전제조건으로 생각하는 풍조가 지배적이다. 또 우크라이나 위기를 계기로 찾아온 '러시아 패싱의 세계'가 장기화되면 역시 식료품을 포함한 넓은 의미에서 자원의 공급 제약은 해소될 기미가 보이지 않는다. 물론 탈탄소의 움직임이 다시 예전으로 되돌아가거나 러시아와의 평화가 발 빠르게 진행될 가능성이 제로라고 할 순 없지만, 자원 가격이 높은 수준에 머무르는 것은 지속적인 시세 현상이라고 문외한의 눈에는 비친다.

자원의 순수입국인 일본에서 자원 가격이 높게 고정화되는 것은 경상수지와 무역수지의 악화가 구조적 숙명임을 의미한다. 적어도 숫자상으로는 성숙채권국이 채권소진국에 가까워지는 것을 말하기 때문이다. 채권소진국으로 기울고 있다는 이해가 그 진위는 차치하고 지배적으로 변했을 때 엔이 안전 자산 취급을 받을 수 있을 것인가. 나는 일본에서 경상수지 적자가 곧바로 고착될 것이라고 보지 않는다. 하지만 많은 시장 참가자는 2022년 3월 이후 '그렇게 될 가능성'을 떠올렸다.

덧붙여 앞으로 일본이 경상수지 흑자를 유지할 수 있다고 해도 그것은 성숙채권국으로서 제1차 소득수지 흑자를 주축으로 하는 경상수지 흑자다. 그러나 제1차 소득수지 흑자를 구성하는 외국 유가증권의 이자와 배당금, 대외 직접 투자에 따른 재투자 수익 등은 통계상 흑자로 기록되지만 외화로 재투자되는 성질의 흐름이 많아 엔화 매입, 외화 매도의 외환 거래를 수반하지 않을 것으로 예상된다.

외환시장에서는 엔화를 사고파는 외환 거래로 이어지는 무역수지가 중시되어야 하는데, 이 점은 적자가 지속될 공산이 역시나 크다. 이런 실정을 감안하면 제1차 소득수지 흑자를 중심으로 한 일본의 경상수지 흑자는 2012년경부터 엔화 환율을 지탱한다는 관점에서 보면 '이빨 빠진 호랑이'였다는 사실을 알아야 한다. 실제로 외환시장에서는 2012년 이후 초엔고로 세상이 대혼란에 빠지는 일은 없어졌다.

변하고 있는
세계 최대
대외 순자산국의 구조

경상수지 흑자가 계속되는 한 그 누적된 결과로써의 대외 순자산은 계속 증가하므로 '세계 최대 대외 순자산국'이라는 안전 자산의 도피처라고 할 수 있는 지위는 유지된다. 그러나 일본의 대외 순자산은 잔액 기준으로 증가세를 유지하고 있는 한편 그

[표 8] 일본의 대외 순자산과 내역

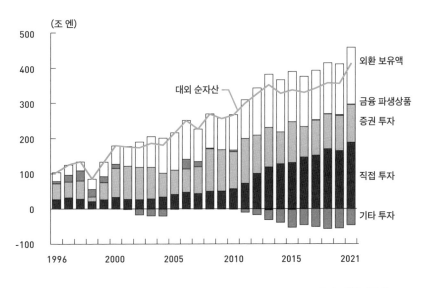

출처 I 일본 재무성

구조는 큰 변화에 직면해 있다. 그것 역시 2011~2012년부터 10년 간의 이야기다. 구체적으로는 2000년대 초반의 일본의 대외 순자산은 대부분이 증권 투자 잔액, 다시 말해 미국 국채나 미국 주식 등으로 대표되는 해외 유가증권이었다. 그러나 [표 8]에서 나타나듯 2011~2012년을 경계로 일본에서 해외로 대외 직접 투자가 늘어난 결과 2021년 말 시점에는 반 정도(45.8%)가 직접 투자 잔액이 차지하고 있다. 이것은 일본 기업이 해외 기업을 활발하게 매수, 이른바 크로스보더 M&A한 결과다.

[표 9]에서 알 수 있듯이 2011~2012년 이후 10년 사이에 대외

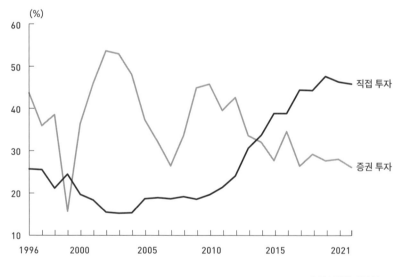

[표 9] 일본의 대외 순자산에서 차지하는 직접 투자 및 증권 투자의 비율

출처 ┃ 일본 재무성

순자산에서 차지하는 증권 투자와 직접 투자의 비율이 역전되었는데 그 후로도 확대되는 경향에 있다. 리먼 사태 이후로는 '금리 없는 세계'가 고착화되어 수익률 면에서 뛰어난 직접 투자를 증권 투자보다 선호하는 것이 합리적이었지만 이것만이 배경이라고 할 수 없다. 당시까지 일본이 직면해 있던 심각한 엔고와 자연재해, 경직된 고용 법률 제도 등 일본 특유의 컨트리 리스크가 반영된 결과 직접 투자가 증가했다는 해석이 많다. 특히 2011~2012년을 경계로 직접 투자가 증가했다는 점에 주목한다면 역시 2008~2012년의 심각한 엔고 국면, 2011년 3월에 발생한 동일본대지진 등의 영향이 크지 않았을까 생각된다.

하지만 그런데도 일본 경제에 투자했을 때 기대수익률이 여전히 높다면 간단히 '해외로 나가겠다'는 판단에 이르지 않았을 것이다. 결국 저출산, 고령화를 배경으로 축소되는 일본 국내시장이라는 인구 동태적 요인이 있는 한 일본 기업의 시선이 국내가 아닌 해외로 향하는 것은 자연스러운 일이다.

이런 대외 순자산 구조의 변화는 엔화 환율의 움직임, 특히 '안전자산으로서의 엔화 매입'에서 매우 중요한 이야기다. 그도 그럴 것이 위험 회피 분위기가 강해졌을 때 유동성이 높은 해외 유가증권 대신 엔화로 바꾸는, 즉 엔화를 매입하는 일은 있어도 매수한 해외 기업을 쉽게 포기한다고 보기 어렵다. 직접 투자가 대외 순자산에서 더 큰 비중을 차지하게 됐다는 것은 '외화로 되돌아오지 않는 엔화의 비율이 늘었다'는 것을 의미한다. 물론 일본이라는 나라가 안고 있는 외환 리스크는 상당히 크다. 하지만 예전처럼 매달 발생하는 무역수지 흑자의 현금 흐름(flow)이 아닌 크로스보더 M&A의 결과 일본 기업 부문의 재무상태표에 자산(stock)으로 매입된 부분이 커졌다는 말이다. 현금 흐름보다 자산이 발걸음이 느린 자금이므로 외환시장에 미치는 영향도 뚜렷이 잘 드러나지 않는다. 따라서 '안전 자산으로써의 엔화 매입'도 서서히 줄어든다는 것이 나의 가설이다.

이미 경상수지 흑자의 주축이 무역수지 흑자가 아닌 제1차 소득수지 흑자가 되었다는 점에서 엔화 매입이 일어나기 힘들다는 사실은 언급했는데 이렇듯 대외 순자산 잔액의 구조가 변화하고 있는 것도 엔화 매입을 억제할 가능성이 있다. 모두 2011~2012년을 경계로 10년 사이에 두드러진 국제수시 통계상의 변화다.

기초 수지로
보는
구조 변화

지금까지 살펴봤듯이 2012년을 경계로 경상수지에서 차지하는 무역수지나 경상수지와 대비를 이루는 금융수지에서 차지하는 대외 직접 투자의 움직임이 크게 변화했다. 여기서 한 나라의 대외 자산과 부채 잔액에 변화를 가져오는 전통적 통계로 기초 수지라는 것에 주목하고자 한다. 기초 수지에서 순유입이 이어지면 대외 순자산이, 순유출이 이어지면 대외 순부채가 늘어나기 쉽다.(자산 가격의 변화에 따라서도 대외 자산과 부채 잔액이 변동하므로 일부러 '늘어나기 쉽다'는 애매한 표현을 썼다) 기초 수지는 지금처럼 국제 자본 이동이 활발하지 않고 장기 자본과 단기 자본의 판별이 쉬웠던 시대에 한 나라의 통화 신뢰도에 큰 영향을 미치는 계수로 주목받았다.

그러나 활발한 국제 자본 이동이 자리 잡은 지금 외환시장의 분위기에 따라 해당 국가의 통화 매도세가 이어지면 기초 수지가 건전하더라도 대외 지불이 어려움에 빠지는 경우도 생각해볼 수 있다. 그 때문에 기초 수지는 시대의 변화와 함께 의미가 바래졌다고 알려져 있다. 그렇다고 해도 나는 대외 결제 능력 이전의 문제로서 기초 수지의 모습이 종전과는 확연히 변화하고 있다면 해당 국가가 무시할 수 없는 구조 변화의 징후로 주목할 가치는 있다고 생각한다.

경상수지와 순직접 투자(대외 직접 투자-대내 직접 투자)를 합한 계수를 기초 수지로 보고 그 추세를 1990년대 후반부터 추적해보면 순유입이 오랫동안 이어져 왔으나 역시 2011~2012년을 경계로 순유출이 이어졌다 끊겼다 하는 사실을 알 수 있다.(표 10) 예를 들어 매월 기초 수지에서 2002년 1월부터 2011년 12월까지 120개월(10년간) 평균을 계산하면 플러스 9,530억 엔이었던 데에 비해 2012년 1월부터 2021년 12월까지 120개월 평균을 보면 마이너스 174억 엔

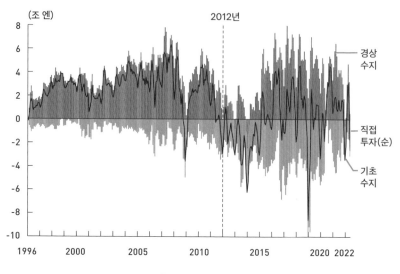

[표 10] 일본의 기초 수지※(월차, 후방 3개월 누적)

(조 엔)

2012년

경상
수지

직접
투자(순)

기초
수지

출처 I 일본 새무성, ※기초 수지=경상수지+직접 투자(순)

으로 순유출(대체로 균형)이다. 앞에서 말했듯이 2012년을 경계로 일본에 예전처럼 패닉과 같은 엔고가 닥친 일은 없다. 그 배경의 하나로 기초 수지의 변질이 있을 가능성은 부정할 수 없다. [표 10]에 드러났듯이 이런 기초 수지의 추세 변화는 직접 투자의 순유출, 다시 말해 일본 기업의 왕성한 해외 기업 매수를 반영한 움직임이라는 사실을 알 수 있다.

이렇게 수급 환경에 변화의 조짐이 보이기 시작한 기점은 2011 ~2012년으로 보인다. 그로부터 10년 이상 흐른 2022년 3월 이후에 보인 엔저 현상은 원래 있었던 엔화의 수급 구조 변화가 자원 가격 상승으로 한층 가시화된 데다가 성장률과 금리 정책이 뒤처진 일본 경제의 상황과 맞물려 엔화 매도세가 강해졌다는 것이 그 배경이다. 엔화 환율의 변화는 비연속적이긴 했지만 환율을 움직이는 수급 환경은 상당히 이전부터 연속적으로 변하고 있었다.

세계 최대 대외 순자산국은 자랑스러워할 일이 아니다

엔화의 가치를 지탱해온 '세계 최대 대외 순자산국'이라는 지위는 말에서 느껴지는 울림만큼 자랑스러워할 일이 아니다. 앞에서 설명했듯이 대외 순자산이라는 자산(stock)은 기본적으로 매년 경상수지 흑자라는 현금 흐름(flow)이 축적된 결과다. 일본 국내에서 국외로 증권 투자나 직접 투자가 왕성하다는 것은 국내에 투자 기회가 부족하다는 뜻이기도 하다. 직접 투자 비율이 증가한 것은 일본 기업이 '계속 축소되는 국내 시장에 투자하기보다 해외 기업 매수나 출자를 통해 시간과 시장을 사는 편이 중장기적인 성장으로 이어진다'고 판단한 결과라고도 할 수 있다. 단순히 자금의 흐름만 파악하면 일본 기업의 자본 도피(캐피털 플라이트)라고도 할 수 있다.

1990년 이후의 일본 경제를 가리켜 '잃어버린 20년' 내지는 '잃어버린 30년'이라는 표현이 자주 쓰이는데 '세계 최대 대외 순자산국'이라는 지위는 일본 기업이 국내 시장을 단념하고 해외 기업의 인수나 출자에 힘쓰는 '잃어버린 시대'의 부산물이라고 볼 수도 있다.

30여 년간 이어진 세계 최대는 언제까지 지킬 수 있을까

이렇게 세계 최대 대외 순자산국이 일본 경제 침체의 상징이라고 해도 그 지위가 '안전 자산으로서의 엔화'의 근거였던 점은 어느 정도 틀림없다. 30년 이상이나 유지된 지위이므로 만에 하나 그 지위를 잃었을 때 금융시장의 반응이 어떠할지 귀추가 주목된다.

이 점에 관해서 나는 여러 외국, 특히 독일과의 비교를 주목한다. 독일은 단일 통화 '유로'라는 '영원히 상대적으로 낮은 통화'를 무기로 무역수지 흑자를 지속해 '세계 최대 경상수지 흑자국'이라는 지위를 공고히 했다. 이 경상수지 흑자의 대부분이 무역수지 흑자로 통상적으로 '높은 통화 가치 → 수출 감소 → 무역수지 흑자 감소 → 경상수지 흑자 감소'가 전개될 터였다.

그러나 유로화는 독일 외에 이탈리아, 스페인, 그리스를 포함하므로 독일의 생산력에 걸맞은 강세는 구조상 절대로 될 수 없다. 따라서 독일의 경상수지 흑자는 잘 줄어들지 않는다는 특징이 있다. 이 점은 때때로 반복되는 통화 강세를 요인 삼아 수출 기업이 생산 거점을 해외로 이전하여 무역수지 흑자가 소멸한 일본과 대조적이다.

[표 11]은 세계의 대외 순자산국 상위 3개국의 추이를 나타낸 것이다. 일본 재무성이 발표한 엔화 베이스 데이터이므로 이 점을 감안하여 평가할 필요는 있다. 하지만 매년 벌어들이는 경상수지 흑자의 차이가 '늘지 않아 고민하는 일본, 맹추격하는 독일'이라는 구도로

[표 11] 대외 순자산 잔액(일본 vs. 독일 vs. 중국)

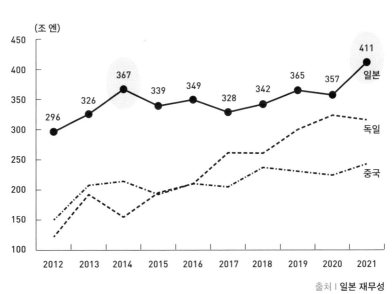

출처 | 일본 재무성

이어지고 있다는 점은 부인할 수 없는 사실이다. 2020년 말 시점에서 일본과 독일의 차이는 역대 최소인 34조 엔까지 줄어들었다. 그러나 2021년 내내 일어난 엔저의 결과 2021년 말 시점에는 100조 엔 가까이 차이가 확대되었다. 일본 재무성이 발표한 '2021년 말 현재 일본 대외 자산 부채 잔액의 개요'에 따르면 엔화는 달러화 대비 11.4% 상승했다고 나와 있다. 양국의 차이에 관하여 일본이 이렇게나 독일에 차이를 벌인 해는 2014년(전년 대비 플러스 78.7조 엔)이 있는데(표 11의 회색 음영 표시 부분) 그해도 달러/엔 환율이 전년 대비 플러스 13.7%로 2021년 이상으로 상승했다. 이런 양국의 비교 동향을 보면 '환율 변동(엔저)이 없으면 독일과의 차이는 줄어든다'는 것이 실상으로 보인다.

물론 '세계 2위의 대외 순자산국'이라는 지위도 안전 자산이라고 말하기에는 충분한 재료이며, 일본이 곧바로 성숙채권국에서 채권소진국으로 전락한다고 떠들어대기에는 지나친 구석이 있다. 그러나 탈탄소와 탈러시아와 같은 구조 요인을 배경으로 자원 가격 상승이 구조적으로 정착하면 경상수지 흑자의 수준이 절하되는 일은 피할 수 없다. 독일도 자원 가격 상승에 신음하는 나라지만 수출 거점의 힘은 일본보다 훨씬 위에 있다.(BOX⑤ 참조) 가령 환율 변동이 없었다면 머지않은 미래에 세계 최대 대외 순자산국은 독일이 차지할 가능성을 부인할 수 없다. 세계 최대와 세계 2위 사이에 본질적인 차이가 있는 것도 아니고 두 나라 모두 큰 채권국이므로 지나치게 우려할 필요는 없다. 그러나 반복해서 말하지만 30년 이상 유지되어 온 지위를 상실한다는 것에, 있는 그대로 반응하는 외환시장이 냉정한 대응을 할 수있을까. 지는 해 엔화의 평가가 가혹해질 가능성이 있다.

이 장에서 살펴본 국제수지 통계를 중심으로 한 다양한 계수의 변화를 감안하면 일본은 저물어가는 성숙채권국의 지위에 직면한 것처럼 보인다. 이런 우려가 정말로 적절한 문제의식인가는 역사가 가르쳐줄 것이다. 고작 몇 개월이나 몇 년의 환율을 본 것만으로 결론을 내리기에는 너무 큰 주제다. 그러나 그 가능성이 거론되었다는 것만으로도 과거에 없던 경험이며 분석할 가치가 있는 테마이다.

제 2 장

엔저 공죄론이라는
사고방식

위험하고 안이한 선악 이원론

엔저를 둘러싼
사회 규범의
변화

1장에서 살펴봤듯이 2022년 3월 이후 일본에서는 성숙채권국에서 채권소진국으로 나아가고 있을 가능성이 제기되었고 그것이 엔화 매도의 재료로 이용되는 분위기가 있었다. 그 진위는 시간이 지나야 알 수 있겠지만 2022년 3월 이후에 주목받은 또 하나의 쟁점으로 '나쁜 엔저'가 있었다. 매일 같이 '나쁜 엔저'라는 표현이 사용되며 갑론을박을 벌였다. 역사적으로 엔저가 금과옥조처럼 여겨진 일본의 정치, 경제, 사회에서 이는 매우 큰 변화였다고 할 수 있다.

실제로 아베노믹스라는 이름 아래 대담한 금융 완화 중심의 극단적인 리플레이션 정책으로 엔저가 촉발된 2013년 당시에도 '엔저는 해외로 소득 유출을 초래하기만 하는 대중요법'이라는 비판은 계속 있었다.(아베노믹스에 관해서는 BOX④에 간단히 정리했다) 그러나 직전까지 심각한 엔고, 주가 약세의 정착이 일본 경제를 괴롭히고 있었기에 이런 비판은 대중의 열광 속에서 자취를 감추었다.

한편 2022년 3월 이후에 일어난 엔저는 팬데믹으로 망가졌던 실물 경제에 우크라이나 위기까지 뒤얽힌 원자재 가격 상승이 겹침으로써 그 폐해가 2013년 당시보다 더 잘 드러났다는 차이가 있었다.

예를 들어 아베노믹스 아래에서 가장 엔저·달러고가 심했던 시기는 2015년 6월로 달러/엔 환율이 한때 1달러=125엔을 돌파했는데 이때의 원유 가격은 1배럴=60달러 전후였다. 그로부터 7년 뒤인 2022년 6월의 달러/엔 환율은 1달러=135엔까지 치닫는 한편 원유는 1배럴=100달러를 이미 넘어선 상태였다. 게다가 원유뿐만 아니라 석탄, 천연가스와 같은 연료 외에 세계적으로 중요한 곡창 지대였던 우크라이나가 전쟁터가 되어 밀을 중심으로 하는 식료품 가격도 치솟았다. 당연히 일방적으로 수입하는 처지인 일본에서는 '엔저는 수입 비용을 끌어올리는 나쁜 움직임'으로 보는 분위기가 만연했다. 일상 생활에서 구입하는 재화에도 가격 인상의 물결이 미쳤다.

상황이 이러자 '엔저는 일본 경제에 좋은가 나쁜가' 하는 물음이 사회적으로 큰 관심을 모았다. '당연히 좋다'는 분위기가 지배적이었던 2013년과 비교하면 아주 큰 사회 규범의 변화였다.

일본 경제 전체로 보면 플러스라는 의미

2022년 3월 이후 일본 사회에서는 '나쁜 엔저'라

는 표현이 연신 쓰이기 시작했으나, 구로다 하루히코 일본은행 총재는 '엔저가 경제와 물가에 플러스가 되는 기본 구도는 변하지 않았다'는 기본 입장을 계속 밝혔다. 이를 두고 일본은행의 보증으로 간주하는 시선으로 인해 엔화 매도는 한층 더 속도를 더해 '엔저 상황에서 일본은행이 칭찬받는' 분위기가 강했던 2013년과 대조적으로 '엔저 상황에서 일본은행이 비판받는' 구도가 보이기 시작했다. 엔고 증오로 생겨난 구로다 총재 체제의 말년을 느끼게 하는 변화이자 민의에 따라 금융 정책을 결정해서는 안 된다는 사실을 여실히 보여준 10년이었다고도 느껴졌다. 2013년과 2022년의 리플레이션 정책을 두고 세

[표 12] G7의 명목 실효 환율

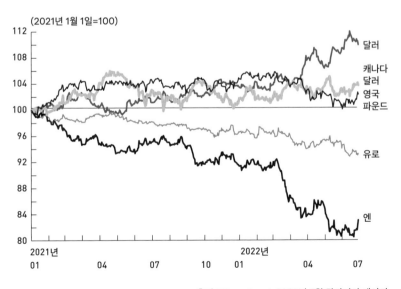

출처 | Macrobond, 2022년 7월 말까지의 데이터

상이 다르게 받아들인 결정적 이유는 2022년 6월에 크게 화제가 된 구로다 총재의 강연이었다.(BOX⑥ 참조)

참고로 구로다 총재는 2022년 3월 25일 중의원 재무금융위원회에서 당시 엔저 상황을 두고 '엔화가 신용을 잃은 것은 아니다'고 답변했다. 엔화의 신용을 논하는 상황 자체가 여태껏 없는 일이었다. 이는 단순히 '미국 경제와 미국 금리가 상승 기조라서 달러가 강세를 보이고 그 결과 엔이 약세가 되었다'는 '달러 강세 이면의 엔 약세'가 아니라 '일본의 상황이 좋지 않아서 생긴 엔 약세'라는 '일본 매도로써의 엔 약세'가 우려된다는 반증으로도 보였다. 당시를 포함하는 2021년 이후 명목 실효 환율을 G7 국가와 비교하면 [표 12]에서 나타나듯 아무리 봐도 엔화만 녹보적으로 낮으며, '일본 매도' 혹은 '일본 패싱'이 주제가 되었을 가능성은 확실히 부정할 수 없는 상황이었다. 이런 상황에서 통화의 파수꾼을 자처하며 '싼 게 플러스'라고 계속 말하는 것이 과연 옳은가 하는 점도 금융시장에서 큰 주목을 받았다. 그러나 구로다 총재의 '일본 경제 전체로 보면 플러스'라는 기본 자세는 크게 변하지 않고 같은 취지의 발언이 이따금씩 반복되었다. 그렇다면 실제로 일본 경제에 있어서 '엔저의 옳고 그름'을 어떻게 생각하면 좋을까.

일본은행이
생각하는
엔저의 장단점

엔저의 장단점은 경제 주체에 따라 변하므로 가볍게 결론지을 수 없다. 종합해서 말하면 비판이 많았던 구로다 총재의 말도 꼭 잘못되었다고 할 수 없다. 2022년 1월의 '경제·물가 정세 전망(전망 보고서)'에서는 BOX란에 '외환 변동이 일본 실물 경제에 미치는 영향'이라는 제목의 엔저의 장단점에 관한 모델 분석의 결과가 게재되었다. 그 보고서에 게재된 결론은 시사하는 바가 크다. [표 13]은 보고서의 내용을 요점 정리한 것이다.

전망 보고서에서는 계량 분석상 '엔저는 일본에 플러스'라고 결론지었다. 여기서는 플러스 효과로 ①가격 경쟁력 개선에 따른 재화·서비스 수출의 확대, ②엔화 표시 수출액 증가를 통한 기업 수익의 개선, ③엔화 표시 소득수지의 증대 등을 꼽는 한편, 마이너스 효과로 ④수입 비용 상승에 따른 국내 기업 수익 및 소비자 구매력 저하를 들고 있다. ①+②+③ 〉 ④가 일본은행의 기본 인식이라고 볼 수 있다.

그러나 이 가운데 ①은 논의의 여지가 있다. 일본은행도 재화 수출에 관해서는 해외 생산 비율 상승과 제품의 고부가가치화 등을 반영하여 '재화 수출에 대한 엔저의 플러스 효과는 최근 들어 떨어지고

[표 13] 엔저를 둘러싼 장단점 정리

		장단점	비고	영향력 크기	경제 주체
장점	①	재화·서비스 수출 확대	해외 생산 비율 상승, 팬데믹 등으로 기대 희박	소~중	글로벌 대기업과 수출 기업
	②	엔화 표시 수출액 증가를 통한 기업 수익의 개선	기업 수익은 개선되나 그것이 임금으로 이어지지 않음	중	
	③	엔화 표시 소득수지 증대	과거 10년 사이에 실증 완료. 엔저 유일의 장점?	대	
단점	④	수입 비용 상승에 따른 국내 기업 수익 및 소비자 구매력 저하	매년 수입 규모는 상승 중. 자원 가격 상승도 있어 주목받기 쉬움	대	내수 의존형 중소기업과 가계 부문

출처 | 일본은행 '전망 보고서(2022년 1월)' 등에서 필자 작성

있다'고 분석했다. 많은 품목에서 엔저는 수출 수량을 늘리는 방향으로 작용하지만 그 감응도는 떨어지고 있다는 것이 일본은행의 시각이다. 또 서비스 수출은 엔저로 인한 여행수지 흑자의 증가를 떠올릴 수 있지만, 팬데믹 상황에서는 이 효과가 증발한 탓인지 거의 언급이 없었다.('코로나19의 영향이 완화되면 다시 작용하기 시작할 것으로 예상된다' 정도의 기술에 그쳤다) ①의 엔저 장점은 상당히 약한 실정이라고 할 수 있다.

구로다 체제가 시작된 직후부터 ①의 장점을 둘러싼 문제점은 계속 지적받아 왔다. 지적하면 매우 거센 비판이 쏟아졌기 때문에 나도 잘 기억하고 있다. 그러나 ①이 약해져도 ②가 있으므로 엔저는 플러스라는 주장이 당시에는 펼쳐졌다. 요컨대 엔저로 기업 수익이 늘어나면 설비 투자나 임금에도 파급된다는 사고방식이다.(2006년 제로금리 해제 시에 이런 사고방식은 무용론으로 불렸다) 그러나 현실은 임금이 기대만큼 상승하지 못했다.

　　이런 가운데 마지막 엔저의 장점이기도 한 ③의 '소득수지의 증대'는 최근 강해지고 있다며 기업의 글로벌화에 따라 일본 기업이 해외 사업에서 벌어들인 수익과 배당을 통한 일본 국내로의 유입액은 꾸준히 증가하고 있다고 결론지었다. 해외로부터의 소득 이전액이 증가하는 현상이 일본 국내의 설비 투자에도 이바지함을 지적하고 있는데 이 점은 설득력이 있다. 앞의 [표 6]이나 [표 7]에서 알 수 있듯이 2011~2012년을 경계로 10년 사이에 '무역수지 흑자의 소멸'을 경험한 일본이지만 이를 보충하듯 제1차 소득수지 흑자가 증가했다. 이것이 미성숙채권국에서 성숙채권국으로의 변화를 나타낸다고 이미 1장에서 설명했다.

　　앞서 말했듯이 2012년 외환시장에서 '안전 자산으로서 엔화 매입'이 약해지고 있다는 목소리는 만성적으로 들려왔다. 그러나 '소득수지의 증대'로 경상수지 흑자가 확보되고 실제로 환율 안정이 이어졌으므로 '엔화의 신용'이 도마 위에 오르는 일은 피할 수 있었다. 1장에서도 살펴본 대로 엔화의 수급 구조 변화는 2011~2012년을 경계로 서서히 진행된 것이다. 그런 의미에서 2022년 이후의 초엔저 현상은 원래 있던 구조 변화가 자원 가격 상승과 일본 경제의 상대적 열세로 인해 한층 가시화된 성격이 강하다.

전망 보고서의 이야기로 다시 돌아가면 위에서 말한 엔저의 장점을 분석하는 한편 엔저의 단점인 ④는 엔저가 소비자물가에 전가하는 영향에 관해 '최근 강해지고 있다'며 매우 짧은 지면밖에 차지하지 않는다. 전망 보고서에서는 그 직후 '이렇듯 최근 경제 구조의 변화를 고려하더라도 엔저는 계속해서 전체로 보면 일본의 경기에 플러스 영향을 미치는 것으로 보인다'며 급히 결론으로 들어가 당혹감을 느끼게 한다. 논지의 균형이 다소 무너진 인상은 지울 수 없다.

엔저의 평가는 관점에 따라 다르다는 지적도 있다

일본은행의 분석을 종합하면 원래 서비스 수출은 인바운드 소멸로 전혀 기대할 수 없고, 재화 수출의 효과는 약해지고, 기업 수익 증대가 개인 소비에 파급하는 효과도 기대할 수 없음은 모두가 아는 사실이므로 엔저의 장점은 '소득수지의 증대'라는 한 요소로 귀결된다. 그것이 소비자물가지수(CPI)의 상승 등에 의한 구매력 저하를 상쇄할 것인지의 여부가 중요한데, 전망 보고서는 어디까지나 '①+②+③ 〉④'라는 계산에 입각해 '전체적으로 플러스'라는 결론에 도달한 것으로 보인다.

다만 전망 보고서는 장단점 분석 후에 주의할 필요가 있는 논점으로 세 가지를 꼽는다. 1)엔저든 엔고든 '안정'되지 않은 환율은 악영향을 끼칠 가능성이 있다. 2)환율 변동의 영향과 방향성은 업종이나 사업 규모에 따라 다양하며, 수입 침투(국내총공급에서 차지하는 수입의 비율)의 상승을 감안하면 소비자물가에 미치는 영향은 강해지고 있다. 3)환율 변동은 주가와 물가에 미치는 영향 등 정세에 따라서 심리에 미치는 영향도 다르다. 결국 이 2)와 3)이 단점의 논점인 ④의 보충 역할을 한다.

특히 2022년 3월 이후 엔저 국면을 참고하며 3)의 지적은 흥미롭다. 일본 내각부 '경기관측조사(景気ウォッチャー調査)'의 가계 동향 관련 의견 정보를 보면 A)2012년 말~2013년 아베노믹스 초기의 엔저는 '주가(상승)'와 함께 경기 개선을 시사하는 의견 속에서 언급되는 경향이 있었다. 그러나 이후 B)2014년 가을~2015년의 엔저는 '물가(상승)'와 함께 경기 악화를 시사하는 의견 속에서 언급되는 경향이 있었다.

이 점은 '엔저의 평가는 심리에 달렸다'는 양상으로 정성적인 인상도 지울 수 없지만 꽤 현실에 가까운 지적이라 할 수 있다. 일본은행 총재가 국회에서 '엔화의 신용'을 옹호해야 할 정도로 급속한 엔저와 자원 가격 상승에 휩쓸리고, 급기야 그 발언이 화제가 되어 TV에서도 도마에 오를 것 같은 2022년 3월 이후의 상황이 A)와 B) 어느 쪽에 가까운지는 불 보듯 뻔했다.(당시의 소동은 BOX③을 참조)

결국 ①+②+③ 〉 ④가 일단 내린 결론이라고 해도 일본은행이 보충한 위의 논점까지 감안한다면 ①+②+③ 〉 ④+2)+3)으로 말할 수 있을지는 유보가 필요하다. 이 점은 2022년 1월의 전망 보고서만으로는 판단할 수 없다. 분석은 어디까지나 여타 조건이 일정했다고 해도 환율 수준이 완만하게 움직였을 경우를 상정하고 있다. 큰 변동성(volatility)을 동반하는 엔저에 관해서는 보고시에서 나타난 분석의 끝이 아니라는 이야기일 것이다. 그러나 환율의 변동은 자주 큰 변동성을 동반한다.

엔저는
철저한 우승열패를 촉구하는
환율 현상

지금까지 봐온 ①+②+③ 〉 ④라는 결론은 일본은

행의 우수한 경제학자가 모델 분석을 이용하여 도출한 결과로, 정책 위원회의 기본적 이해인 전망 보고서에 게재된 이상 받아들일 가치는 있다. 하지만 동시에 단순히 장단점을 더하여 부등호를 붙이는 것만으로는 딱 떨어지지 않는 문제를 내포하고 있다는 사실에는 주의가 필요하다. 그것은 '장점으로 이득을 얻는 경제 주체'와 '단점으로 손해를 보는 경제 주체' 사이에 넘을 수 없는 벽이 있다는 사실이다. 바꿔 말하면 엔저가 격차 확대를 조장한다는 문제의식이다.

장점과 단점을 비교하여 무게를 잰 결과 계산상 GDP가 플러스가 된다는 것이 계량 분석의 주장이라고 해도 장점을 누릴 수 있는 대상은 수출과 해외 투자 환류 움직임이 익숙한 글로벌 대기업이지 내수 주도형 중소기업과 가계 부문은 단점이 크다는 현실이 남아 있다. 이 점은 위에서 말한 '2)환율 변동의 영향과 방향성은 업종이나 사업 규모에 따라 다양하다'고 전망 보고서가 보충한 논점과 관련이 깊다. '일본 경제에 플러스'라는 것은 단순히 장점과 단점을 덧셈한 결과로, 장점으로 이득을 보는 경제 주체와 단점으로 손해를 보는 경제 주체가 단절된 상황에 대해서는 어떤 것도 다루지 않는다. 그렇다면 엔저는 격차 확대나 양극화와 같은 문제를 조장하는, 철저한 우승열패를 촉구하는 현상이라는 이야기가 된다. 이렇게 '계산상 GDP가 플러스가 되지만 격차는 확대된다'는 상황은 정치적으로 방치할 수 있는 것이 아니다.

이미 말했듯이 2013년 이후 아베노믹스의 기치 아래 엔저와 함께 기업의 수익은 현저히 늘었지만 가계의 임금과 소비는 그만큼 늘지 않았다. 엔저가 기업 부문의 수익을 끌어올렸다고 해도 내수에 환원되는 경로가 끊겨 있는 곳이 일본이었다. 이런 상황을 전제하면 엔저로 구매력이 깎인 가계의 어려움은 해결될 기미가 보이지 않는다. 가계뿐 아니라 내수를 수익원으로 하는 중소기업도 마찬가지로 어려움이 이어진다.(이 점은 GDP 디플레이터나 교역 조건 등의 계수를 들어 BOX②에서 설명한다) 직감적으로는 일본 사회라는 커다란 시스템에 비춰보았을 때 단점으로 인해 손해를 보는 경제 주체의 목소리가 확연히 다수파인 것으로 보인다. 따라서 '나쁜 엔저'라는 문구가 2022년 3월 이후 유행했는지도 모른다.

어쨌든 여러모로 이목을 끌기 쉬운 '엔저 공죄론'을 섬토할 때 고려해야 할 것은 일본은행과 일본은행과 비슷한 분석을 내놓는 경제학자 등이 총론으로 제시하는 '일본 경제에 플러스'라는 문구가 어디까지나 장점에서 단점을 뺀 결과이며, 각론인 '각 경제 주체가 처한 상황'은 다른 문제라는 사실이다. 총론과 각론에서 결과가 다르다는 점을 제쳐두고 보면 어느 쪽도 틀리지 않은 현실이므로 논의는 계속 평행선을 달릴 수밖에 없다. 좋은 환율 수준이란 입장에 따라 가변적이어서 안이하게 선과 악의 이원론으로 나누려는 행위가 매우 위험하다고 할 수 있다.

재계에서도 엔저가 싫다는 목소리가

엔저의 공과를 검토하는 데에 굳이 결론을 내야 한다면 '총론으로는 일본 경제에 플러스이지만, 각론으로는 마이너스라는 목소리가 두드러져 양극화를 조장한다'고 답해야 공정하지 않을까. 엔저가 진행될 때 언론에서 '나쁜 엔저'라는 표현이 선행되기 쉬운 이유는 GDP 계산상 '글로벌 대기업에 돌아가는 혜택을 중심으로 전체적으로 플러스'라고 할 수 있어도 '가격 인상 등으로 마이너스는 보기 쉬운 반면 어디에 플러스가 있는지 모르겠다'고 느끼는 사람들이 압도적으로 많다는 사실의 결과일 것이다. '통계적 혹은 이론적으로 옳고 그름'은 열광한 대중 앞에서는 무력하다.

다시 말하지만 엔저의 좋고 나쁨은 입장에 따라 다르다. 예를 들어 2022년 4월 4일 일본경제단체연합회의 도쿠라 마사카즈 회장은 엔저로 인해 에너지 자원을 해외에서 조달하는 기업의 수익이 압박을 받는 한편, 수출 기업은 혜택을 받고 있다고 지적하며 '좋은 엔저와 나쁜 엔저는 단기적으로 판단할 수 없다'고 말했다. 이 의견은 일본은행과 경제학자 등이 주장하는 논리에 가깝다. 당시 엔저를 적대시하던 분위기를 다시 떠올려보면 곧바로 엔저를 비판하지 않는다는 점에서

'전체적으로 플러스'라는 총론에 공감대가 형성되었다고 볼 수 있다. 일본경제단체연합회는 중앙은행도 경제학자도 아니지만, 이 조직이 글로벌 대기업으로 구성된 이상 도쿠라 회장이 말한 의견으로 수렴되는 것은 자연스러운 현상이고 이 또한 하나의 진실이다.

그렇다고는 하나 2022년 3월 이후의 엔저 환율에서는 과거였다면 이를 환영하는 목소리가 높았던 재계 주요 인물로부터도 부정적인 발언이 많았다. 역시 엔저의 장점을 강조하는 총론만으로 모든 비판을 돌파하기란 현실에 맞지 않았고, 각론이 언급한 엔저의 단점도 하나하나 다루어야 하는 분위기가 강해진 것이 2022년 3월 이후였다.

엔저든 엔고든 그것은 시장에서 결정한 적정 가격이며, 그 '선악을 논하는 것은 무의미하고 한 나라로서 받아들이는 수밖에 없다'는 주장은 이론적으로 옳다. 그러나 '이론적으로 옳다'는 것은 곤두선 국민 감정 앞에서 건설적인 의미를 잃는다. 초엔고 시대였던 2009~2012년의 '엔고에도 싸게 자원을 조달할 수 있는 등 좋은 점도 있다'와 같은 정론을 들어주는 분위기는 전혀 없었다.

반대로 이런 의견은 뭇매를 맞는 양상이었다. 단점을 체감하는 경제 주체가 많아지면 '이론적으로 옳다'는 아무런 도움이 되지 않는다. 엔고에 대한 원망을 쌓아둔 것이 시라카와 총재 시절의 일본은행이었고, 그 시대에 대한 원망이 구체적인 형태를 띤 것이 아베노믹스, 더욱 구체적으로는 구로다 총재가 이끄는 일본은행에 의한 양적, 질적 금융 완화였다.

그러나 반대로 2022년 3월 이후는 엔저에 대한 원망이 높아지고 있고, 문제에 당면한 경제계에서도 엔저를 꺼리는 목소리가 속속 들리기 시작했다. 한 가지 예를 소개한다.

◎ 경제동우회의 사쿠라다 겐고 대표(SOMPO홀딩스 사장, 2022년 3월 29일):현재의 환율 수준(엔저)이 적절하다고 전혀 생각하지 않는다. 기업에 따라서 받아들이는 바가 다르지만 전체적으로 지나치다는 평가가 많다.

◎ 일본철강연맹의 하시모토 에이지 회장(일본제철 사장, 2022년 3월 29일):엔저의 혜택을 받아 경쟁력이 개선되어 온 과거와 비교하여 이번에는 양상이 전혀 다르다. 엔저 리스크란 이번이 처음이다. 일본만 시장에서 지고 있다는 상징이다. 아주 큰 문제다.

◎ 일본상공회의소 미무라 아키오 회장(2022년 4월 7일): 해외 수출을 거의 하지 않거나 해외 사업을 하지 않는 것과 상관없이 중소기업에 엔저는 장점이 없다. 단점이 더 많다. 일반 소비자도 똑같다고 말할 수 있다. 엔저가 수출 기업의 임금 인상이나 설비 투자로 이어진다면 좋겠지만 지금은 생산도 늘리지 않는다. 원자재 가격이 올랐기 때문에 장점을 활용할 수 없다.

◎ 패스트리테일링 야나이 다다시 회장 겸 사장(2022년 4월 14일): 엔저의 장점은 전혀 없다. 일본 전체로 보면 단점밖에 없다고 생각한다.

또 일본 최대 해운사인 니혼유센의 나가사와 히토시 사장은 '외항 해운 부문에서는 달러 표시로 운임을 받는 경우가 많아 엔저는 따지자면 뒤에서 불어오는 순풍'(2022년 3월 29일)이라고 발언했다. 하지만 나가사와 사장은 엔저에 따른 연료 및 원자재 가격 상승의 영향으로 경제가 악화될 우려를 가리켜 걱정된다고도 말했다. 유사한 발언을 모두 언급하자면 헤아릴 수 없을 정도다. 적어도 엔화 가치가 더 떨어지기를 바란다는 목소리는 재계에서 많이 확인되지 않았고, 굳이 따지자면 싫다는 목소리가 더 많았다. 재계 주요 인사로부터도 엔저의 위험성을 지적하는 목소리가 나오는 이상 '전체로 봐서 플러스'라는 총론으로 밀어붙이기 어려운 분위기가 무르익었다. 거시경제 분석에 의존하는 총론과 이런 기업 부문의 목소리로 상징되는 각론 모두정의는 있다. 그러나 역시 여론은 후자에 가까운 감이 있다.

엔저 장점의 파급 경로 확보는 정부가 할 일

지금까지의 이야기를 정리하면 일본 경제는 '엔저의 장점으로 이득을 보는 경제 주체'에서 '단점으로 손해를 보는 경제 주체'로 파급 경로를 확보해야 하는 문제를 안고 있다는 사실을 알 수 있다. 예를 들어 기업 수익이 개선되어도 임금이 오르지 않는다는 현실의 이면에는 무엇이 있는가. 그것은 때마다 화제에 오르는 종신 고용과 연공서열식 임금 체계로 상징되는 일본식 고용 개혁 등이 해당할지도 모른다. 그렇게 되면 거대한 담론이 되는데 중앙은행이 아닌 정부가 대처할 문제로 확대된다. 적어도 이 책에서는 다룰 수 없는 규모의 이야기다.

바꿔 말하면 2022년 3월 이후 일본은행은 많은 비판에 노출되면서도 환율이 엔저가 되든 엔고가 되든 그 동향을 긍정하며 정치와 사회가 변하기를 기다리는 수밖에 없는 상황에 놓인 것처럼 보였다. 결국 여론이 엔저에 불만을 품으면 정권의 지지율이라는 형태로 가시화된다. 더는 용인할 수 없는 수준까지 여론의 불만이 첨예해지면 정치도 환율을 문제시할 수밖에 없다. 이때 일본은행의 의사는 없다. 따라서 환율의 실제 추세는 시장에서 정해진 적정 가격이며, '선악을 논하는 것은 무의미하며 한 나라로서 받아들이는 수밖에 없다'는 정론을 직시할 필요성이 생겨난다.

그렇게 되면 중시해야 할 것은 '주어진 환율 수준을 어떻게 활용할 것인가'가 되는데 엔고라면 높은 구매력을 활용한 전략을, 엔저라면 높은 가격 경쟁력을 활용한 전략을 적시에 적절히 검토해 나가는 것이 대응의 왕도다. 그러나 엔고가 되면 반드시 엔저가 지향되어 금융 완화책을 내걸어온 것이 일본 경제의 역사다. 이것이 일본의 구매력을 빼앗아 '값싼 일본'을 형성하는 원인이 되었다는 경제 분석은 종종 볼 수 있다. 이런 '값싼 일본'에 관한 논의는 3장에서 소개한다.

구조 변화가 의심되는 가운데 '레벨'은 어디까지 회복될까

2022년 3월 이후에 진행된 큰 폭의 엔저와 자원 가격 상승 국면에서도 생활고를 이유로 당시 기시나 후미오 정권의 지지율이 떨어지는 모습이 이 책 집필 시점에서는 보이지 않는다. 오랫동안 디플레이션(통화 가치 상승)을 숙명으로 살아온 일본에서 인플레이션(통화 가치 하락)으로 고통받는다는 것은 겪어본 적 없는 일이었으므로 '언젠가 원래대로 돌아간다'고 일시적 현상으로 받아들이는 낙관론이 무의식중에 뿌리 깊이 자리 잡았는지도 모른다.

물론 이 가정도 완전히 틀렸다고는 할 수 없다. 엔화가 변동 환율제로 거래되고, 일본이 세계 최대 대외 순자산국이라는 사실도 변함이 없으므로 일방적인 엔저의 반등(엔고)은 당연한 가정이다. 이 책이 출간되고 독자의 손에 건네질 무렵이면 엔고로 변해 있을 가능성도 충분히 있다.

그러나 '방향성'으로 보아 엔고로 수정된다는 사실과 '레벨'이 어디까지 회복될지는 별개로 생각해야 한다. 중장기적 관점에서 보면 엔화의 달러화 대비 환율이 위아래로 움직이며 서서히 절상되는 국면에 들어섰을 가능성은 사후적으로만 판별할 수 있다. 환율의 세계에 공정 가치는 없지만, 예를 들어 그 힌트로 이용할 수 있는 구매력평가(PPP)를 보면 2012년을 경계로 달러/엔 환율은 분명히 PPP 대비 절상되고 있다. 2022년 들어 PPP 대비 수준은 플라자 합의 직전인 1980년대 초반을 방불케 할 정도의 엔저·달러고로 보인다.(표 14) 이 책이 출간될 시점에 달러/엔 환율 레벨이 어떻게 되어 있을지는 알

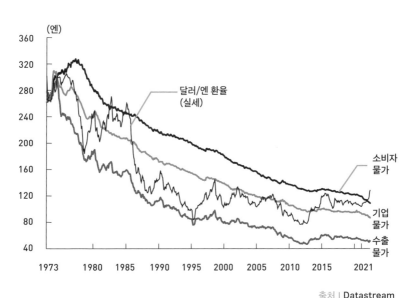

[표 14] 달러/엔 환율의 구매력평가(1973년 기준)

출처 | Datastream

수 없지만 PPP가 시사하는 레벨까지 수렴할 가능성은 높지 않아 보인다. [표 7]에서 보았듯이 역시 무역수지 흑자 소멸 이후의 엔화 환율은 레벨 수정이 크게 들어갔을 가능성이 의심된다.

단순히 구조 변화라는 말을 써서는 안 되겠지만 무언가 큰 이유가 없으면 이런 움직임이 될 리가 없다는 것도 사실이다. 1장에서 살펴보았듯이 나는 2012년 이후 무역수지 흑자가 소멸하거나 대외 직접 투자가 현저히 증가한 것과 무관하지 않다고 본다. 이것은 일본의 대외 경제 부문에 일어난 구조 변화라고 표현해도 무방하다.

나라도 사람도 실패는 경험으로만 배울 수 있다

1장에서도 살펴보았듯이 2021년 초부터 완만하게 시작된 엔저 국면은 일본 특유의 정서적 방역 정책이 저성장을 장기화시킨 데 어느 정도 기인했다. 일본이 언제까지고 팬데믹 소동을 되풀이하는 동안 2021년 미국과 유럽의 경제는 눈에 띄게 전진했다. 그것은 당연히 금융 정책, 단적으로 금리의 방향성과 레벨 차이로 이어진다. 항상 '상대가 있는' 외환시장에서 이 격차를 의식하는 것은 당연하며 2022년 엔저 폭주의 한 원인이 되었다.

　과잉 방역 대책이 원인, 엔저가 결과라고 한다면 엔저가 진행될수록 물가가 높아져 기시다 정권의 지지율이 떨어져도 이상하지 않았다. 그러나 앞서 말했듯이 현실은 그렇지 않았다. 결국 정말 식량을 포함한 자원 조달에 어려움을 겪고 피폐해진 사람들의 불평불만이 지배적이 되지 않으면 당시 정권의 방역 정책과 경제 정책이 새로운 길을 모색하며 주시·검토를 넘어 결단·실행에 옮기기란 어렵다는 생각이 들게 하는 풍경이었다. 정말로 '엔저가 유해하니 멈춰야 한다'는 여론이 지배적이었다면 금융 정책의 긴축이 전혀 검토되지 않거나, 원자력발전소의 재가동이 본격적으로 논의조차 되지 않거나, 엄격한 입국 규제로 외국인을 문전박대하는 정책 운용이 허용될 리가 없었다. 그러나 이런 정책 운용은 사회적으로 큰 비난 없이 추진되었다. 원자력발전소의 재가동을 피하다 보니 때로는 절전 요청 등 전력 제한을 받아 일반 물가가 눈에 띄게 상승하는 상황에서도 정부의 에너지 정책을 수정할 정도의 여론은 형성되지 않았다.

　특히 경상수지와 무역수지의 악화가 구조적 엔저를 초래하고 있다는 지적이 있었다는 점을 고려하면 수입액의 25%를 차지하는 광물성 연료의 수입 '양'을 억제하기 위해 원전 재가동을 요구하는 목소리는 더욱 거세질 것으로 생각되었으나 그렇게 되지 않았다. 또 엔저를 활용한다는 의미로 관광 목적의 외국인을 받아들여 일본 국내 경제의 활성화를 꾀하는 정책도 재촉하는 목소리가 커질 것 같았지만 결국 입국 제한은 해제되지 않은 채 시간만 흘렀다. 2022년 5월 5일 기시다 총리는 런던에서 G7 국가 수준까지 입국 규제를 완화하겠다고 말했지만 적어도 이 책 집필 시점에 일본의 입국 규제 상황은 G7 국가 중 이례적으로 엄격함을 유지하고 있다.

2022년 3월 이후 강력한 엔저 진행을 앞두고 일본 정부와 여당은 간헐적으로 경계를 나타냈지만 엔저의 근본적 요인에 깊이 관련된 방역 정책과 경제 정책이 크게 수정되지 않았다. 이런 일본의 정치사회의 모습에서 말할 수 있는 것은 '정말로 힘들지 않다' 혹은 '아직 참을 수 있다'는 정치적 판단이 작용했는지도 모른다. 원래 '정말 힘들다', '이제 버틸 수 없다'는 상황에 이르기 전에 손을 쓰는 것이 바람직한데 큰일이 터지기 전에 예방책을 세운다는 것은 정치적으로 쉬운 일이 아니다. 국가도 사람도 '실패는 경험으로만 배울 수 있는' 것이며, 엔저와 자원 가격 상승이 심화되어 실물 경제에 충격이 가시화되어야 여론과 정치가 본격적으로 나서 사태 수습에 임하리라 본다. 2022년 3월 이후의 엔저와 물가 상승은 일본의 정치, 나아가 일본 사회의 기동력이 부족하다는 알람이기도 했다.

새로운 자본주의에 대한 오해?

외환시장에서 '일본 패싱'이 화두가 되었을 가능성을 언급했는데 이것은 주식시장에도 어느 정도 들어맞았다. 2022년 2월 21일 중의원 예산위원회에서는 금융소득 과세 도입과 자사주 매입 규제를 시사하는 자신의 언행이 주식시장의 하락 요인으로 거론되어 '기시다 쇼크'로 비유된 경위를 기시다 총리가 국민민주당 소속의 마에하라 세이지 의원에게 추궁당하는 장면이 있었다. 기시다 총리는 '내 경제 정책에 우려의 목소리가 나오고 있다면 오해를 풀 필요가 있다'며 '새로운 자본주의'를 둘러싼 일련의 평가를 오해라고 표현하면서 '자본주의이므로 주주와 시장이 기본인 것은 틀림없다'고 거듭 밝혔다. 그러나 그로부터 1개월 전 2022년 1월 25일에 열린 중의원 예산위원회

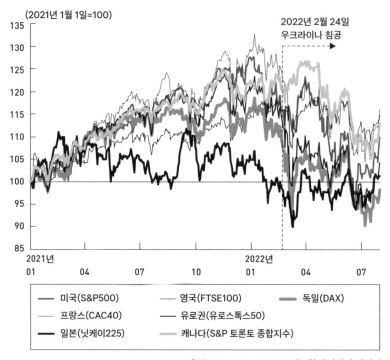

[표 15] 주요 국가의 주가 지수

(2021년 1월 1일=100)

2022년 2월 24일
우크라이나 침공

미국(S&P500) 영국(FTSE100) 독일(DAX)
프랑스(CAC40) 유로권(유로스톡스50)
일본(닛케이225) 캐나다(S&P 토론토 종합지수)

출처 | Macrobond, 2022년 7월 말까지의 데이터

에서는 역시 마에하라 의원과의 토론에서 '주주자본주의 전환은 중
요한 개념의 하나로 인식하고 있다'고 말해 주식시장에 실망감을 안
긴 경위가 있었다.

애초에 주주나 시장 기능의 중요성을 총리가 상기시켜야 하는 사
태가 이례적인 것으로 '새로운 자본주의'의 진의가 어디에 있는지는
둘째 치고 이해하기 힘든 상황에 주식시장이 갈팡질팡한 것은 틀림
없다.

[표 16] 외국인 투자가의 일본 주식 매매 동향

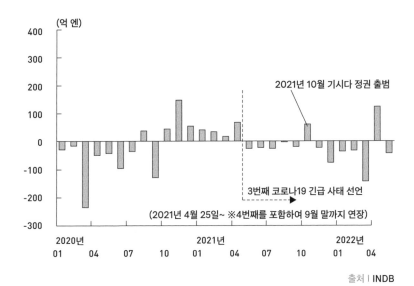

출처 I INDB

설전이 벌어진 2022년 2월 시점에 주식시장이 기시다 정권에 내린 평가는 설전에 상응하듯 엄격했다. 먼저 아무리 미국연방준비이사회(FRB)의 긴축 우려나 우크라이나와 관련된 지정학 리스크가 있다고는 하나 G7 국가 중 주요 주가 지수의 수준이 2021년 초를 밑도는 나라는 없었다.(표 15) 2022년 2월 24일 러시아의 우크라이나 침공 후에는 지정학 리스크의 당사자이기도 한 유로권, 특히 독일도 상당히 심각하게 주가가 움직였고, 미국과 유럽 전체가 스태그플레이션 우려에 휩쓸린 가운데 주가가 큰 폭으로 조정되었다. 하지만 이런 세계의 조류와는 상관없이 2021년 초를 기점으로 일본 주식의 저공비행은 특히 눈에 띄었다.

2021년도 이후 외국인 투자가의 일본 주식 매매 동향에 눈을 돌리면 2021년 4월부터 2022년 5월까지 14개월 중 11개월이 순매도였다.(표 16)

물론 기시다 정권은 2021년 10월에 출범했으므로 일본 주식의 침체는 기시다 정권의 정책 운용에만 책임이 있다고 말할 수 없다. 2021년 4월 하순에 당시의 스가 요시히데 내각 아래에서 코로나19 감염 확대를 이유로 3번째 긴급 사태 선언이 발표되었고 이후 이 선언이 연장되거나 해제되더라도 만연 방지 등 중점 조치라는 명목으로 비슷한 행동 규제를 상시로 한 결과 일본의 성장률은 다른 국가에 비해 정체가 이어졌다.(그 결과가 표 2와 뒤에서 나올 표 25다) 감염자 수가 확대되면 즉시 민간의 경제 활동에 개입하는 나라의 경제에 투자하고 싶어 하는 투자가는 없을 것이다.

기시다 정권에 국한하면 출범한 2021년 10월부터 2022년 5월까지 8개월 중 2개월(2021년 10월과 2022년 4월)만 순매수했다는 시각도 생겼다. 해외 경제 환경에 의존하는 부분도 크겠지만, 실태를 알 수 없는 '새로운 자본주의'가 불신을 사서 해외 자금을 끌어오는 데에 실패했다는 주식시장의 목소리는 곳곳에서 들려왔다. 이런 해외 투자가로부터 차가운 시선을 받은 것이 2022년 5월 영국을 방문해 '기시다에게 투자를(Invest in Kishida)'이라는 강연을 하기에 이른 원인 중 하나가 아닐까 하는 말도 나왔다. 이 강연과 금융시장의 시사점은 4장에서 일본의 가계 금융 자산 동향과 함께 논한다.

서투른 단어 선택

기시다 정권은 출범 때부터 '성장'보다도 '분배'를 주장해왔다. 재분배 정책에 역점을 두는 것 자체가 리먼 쇼크 이후 국제 조류였으므로 그렇게 틀린 것은 아니다. 그러나 정치 자원이 부족한 정권 출범 초기부터 금융 소득 과세안을 둘러싸고 주가가 크게 하락했고, 그 후로도 자사주 매입 규제와 주주자본주의의 전환 등 자본주의를 부정하는 듯한 강렬한 표현이 언급되며 '기시다 정권은 친시장주의가 아니다'는 인상이 뿌리내린 것은 부정할 수 없었다.

닛케이CNBC가 시청자를 대상으로 2022년 1월 27일부터 31일까지 실시한 설문조사에서는 '기시다 정권을 지지하는가?' 하는 질문에 95.7%가 '아니오'라고 대답한 것이 화제가 되었다. 이쯤 되면 '금융시장에서 지지받지 못하고 있다' 정도가 아니라 '미움받고 있다'고 말하는 편이 더 가깝다. 정책 사상의 옳고 그름을 떠나 강력한 리플레이션 사상을 밀어붙여 시장을 자기편으로 만든 제2차 아베 정권과는 대조적인 행보라서 다행이었다. 흔히 출범 초기의 이미지를 바꾸는 데는 상당한 노력이 필요하다.

기시다 총리가 강한 관심을 두고 있다고 알려진 기업 수익의 분배 대상에는 임금, 자사주 매입, 배당, 내부 유보 등 다양한 선택지가 있지만 총리가 답변한 일련의 발언을 종합하면 임금 이외의 분배를 '악'으로 인식하고 있는 듯한 인상을 받았다. 모두에서 소개한 답변에서도 기시다 총리는 '주주 환원이라는 형태로 성장의 과실 등이 유출되고 있는 것을 제대로 파악하여 이 현상을 생각하는 것이 중요하다'고 말한 것이 화제가 되었다. 주주 환원, 즉 배당이나 자사주 매입을 성과의 '유출'이라고 표현하는 것은 역시 주식시장과 주주의 전면 부정으로 이어진다. 주주 환원이 있기에 투자가는 리스크를 안고 자본을 내어놓는 것인데, 이것을 낭비인 양 표현하면 사람들은 당연히 그 시장에 투자하기를 꺼릴 것이다.

이렇듯 주주자본주의(이 표현 자체도 일반적이지 않다)의 '전환'이라고 잘라 말하거나 주주 환원을 '성과의 유출'이라고 표현하는 등 단어 선택의 서투름이 금융시장에서의 평판을 현격히 떨어뜨린 측면은 꽤 있어 보였다.

특히 국제적으로 투자 포트폴리오를 구성하여 수익을 올리려는 투자가에게 자본시장을 적대시하는 정치 자세는 설령 그것이 오해라 해도 일본이라는 나라에 투자하는 데 부담해야 하는 리스크로 비칠 것이고, 필연적으로 '일본 패싱'으로 이어질 우려도 있었다. 2022년 3월 이후에 기세가 오른 엔저를 이런 맥락 속에서 해석하는 방향도 있었다.

기업 부문의 불균형이 있었던 것은 사실

다만 주주 가치 극대화만을 추구하는 것이 아니라 기업 수익의 분

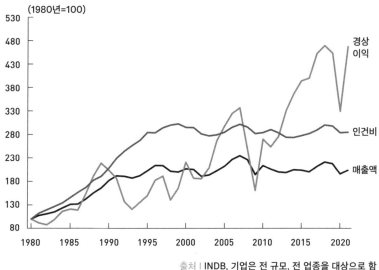

[표 17] 일본 기업의 매출액, 경상이익, 인건비

(1980년=100)

경상이익

인건비

매출액

출처 | INDB, 기업은 전 규모, 전 업종을 대상으로 함

배 대상을 잘 조정해 경제 후생을 높이려는 움직임은 리먼 쇼크로 상징되는 금융위기 이후 일본에 국한되지 않고 다른 나라에서도 볼 수 있는 이야기다. 미국의 바이든 정권도 2020년 1월 출범 당초부터 주식 양도 차익(capital gain) 과세 세율을 대폭 인상하여 부의 편재를 바로잡으려는 자세를 보여왔다.

기시다 총리는 앞의 답변 중에서 '자본주의의 지속 가능성을 생각했을 때 그 성장의 과실이 일방적으로 일부에만 도움이 되고 끝난다면 오래가지 못한다'고 말했다. 이 발언 자체는 크게 이상하지 않다. 일본 기업에 대해 '벌어들인 수익을 좀 더 임금에 분배해야 한다'는 생각을 갖는 것은 어느 정도 이해할 수 있다. [표 17]에 나타냈듯이 과거 40년 남짓 경상이익, 매출액, 인건비 추이를 보면 인건비 억제가 이익을 끌어올리는 데 기여해왔다는 인상은 확실히 받는다. 물론 일본 기업이 임금 인상에 나서지 못하는 배경에는 어려운 해고로 상징되는 일본형 고용의 경직성 등도 있어 일률적으로 기업 자세의 문제라고만 할 수 없다. 그러나 이 상황을 감안하여 위정자가, 아베 전 총리도 마찬가지였듯이 '임금의 분배는 충분한가'라는 문제의식을 갖는 것 또한 자연스럽다.

성장이 먼저

그러나 임금 인상을 단행하게 할 뿐인 환경 정비라는 관점에서 본다면 비과학적이라고 비난받으면서도 입국 규제나 행동 규제, 마스크 착용 등을 하염없이 계속해 경제 활동을 희생하는 자세는 역시 이해하기 어려운 구석이 있었다. 국내의 성장 기회가 제한되면 당연히 기업 부문의 임금 인상 자원도 압박받는다. 팬데믹 직후 일본의 성장률이 다른 나라와 비교하여 크게 뒤떨어지고, 그것이 상대적인 엔화와 일본 주식의 약세로 이어졌을 가능성은 앞에서 말한 대로다. 실력이 약함을 차치하더라도 2021년 이후 일본 국내 경제가 해외 경제에 열세를 보이는 현상은 제대로 직시하기가 괴롭다.

이 책의 집필 시점의 상황을 보면 금융시장의 기억에는 '새로운 자본주의란 주가와 경기를 희생하는 것인가' 하는 현실만이 남은 것처럼 보인다. 상황을 타개하기 위해서는 엄격한 코로나19 대책에 집착하는 자세를 버리고 성장률 복원을 꾀하는 것이 필요하다는 점은 명백하다. 보수 성향이 강한 고령자층의 높은 지지율을 얻을 수 있다는 이유로 신규 감염자 수가 늘어날 때마다 행동 규제나 영업 시간 단축 조치 등 민간 경제 활동에 하나하나 개입하는 나라에서 왕성한 소비나 투자 의욕이 자라날 리가 없다. 물론 기업 수익도 늘어나지 않으니 임금도 늘어나지 않는다. 성장률이 낮은 이상 이에 부합하여 금리도 낮은 수준으로 안정을 유지할 수밖에 없다. 그 결과 다른 통화 대비 엔화를 꺼리게 된다. 미래 성장에 거는 주식 투자는 더 말할 것도 없다.

인구가 감소하고 자원도 부족한 나라가 성장을 포기하면 빈곤만 늘어난다. '분배'하기 위해서는 그에 앞서 '성장'이 필요하다. 이런 사실은 팬데믹 이후 '값싼 일본' 특집을 다루는 언론이 급격히 증가한 것이 시사한다. 이 책이 출간될 무렵 일본의 상황이 크게 바뀌었기를 바랄 뿐이다.

제 3 장

'값싼 일본'의
현상과 전망

관광 대국은 필연인가?

값싼 일본의 실태, 아이폰이 평균 월급의 60%라는 보도

지금껏 많이 봐왔지만 팬데믹이 발생한 2020년 이후 여기저기서 '값싼 일본'에 주목하는 논조를 보았다. 일본의 재화·서비스(상징적으로는 임금)가 다른 나라와 비교하여 싸졌다는 주장은 이 책의 독자라면 한 번쯤 보고 들은 적이 있을 것이다.

이런 논의를 깊이 있게 전개하는 방법은 많지만 이해하기 쉬운 관점에서 특정 글로벌 재화의 가격을 척도로 하는 경우가 많다. 맥도날드의 빅맥, 스타벅스의 카페라테, 애플의 아이폰 등이 그렇다. 2021년 가을에 발표된 아이폰13을 예로 들면 2021년 9월 16일자 〈일본경제신문〉이 '아이폰 가격, 10년 새 3배인 19만 엔, 일본인 평균 월수입의 60%'라고 보도해 큰 화제를 불렀다.

'수입품이 비싸다'고 실감하는 상황은 일본의 소득 환경이 해외와 비교하여 악화되기 시작했을 가능성을 시사하는 한편, 해외의 시각에서 보면 말 그대로 '값싼 일본'이라는 상황이 강해졌을 가능성을 시사한다.

또 2022년 7월 1일 애플은 아이폰을 포함한 주요 제품의 일본 판매 가격을 일제히 올렸다. 아이폰13은 10~20% 대폭 인상하여 화제를 불렀다. 그 시기에 가격 인상을 단행한 나라는 일본뿐이라고 보도되었는데,[*] 2022년 3월 이후 급격한 엔저·달러고를 반영한 움직임으로 풀이된다.

반세기 만의
엔저를 기록한
엔화

경제 분석의 세계에서는 위에서 언급한 상품의 가격을 '물가'로 통칭한다. 물가는 한 나라의 거주자가 일상생활에서 직면하는 재화와 서비스의 '대내 가치'를 나타낸다. 한편 한 나라의 거주자가 국외로 눈을 돌릴 때는 '대외 가치'를 나타내는 환율, 다시 말해 통화 가치가 중요해진다. 엔저가 된다는 것은 일본에서 재화와 서비스의 대외 가치가 작아진다는 뜻이다. 달러 기준으로 본 GDP 수준도 국제적으로 꺾이기 쉬워진다.

주요 무역 상대국에 대한 엔화의 가치를 가중평균한 계수를 명목 실효 환율, 여기에 물가 변동을 가미한 것을 실질 실효 환율이라고 부른다. 전자는 영어로 'Nominal Effective Exchange Rate' 줄여서

---

[*]　일본경제신문 '애플, 일본에서 1일부터 일제히 가격 인상. 아이폰13은 19%' 2022년 7월 1일.

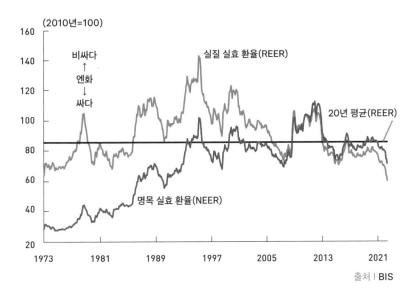

[표 18] 엔화의 실효 환율과 장기 평균의 추이(실질 및 명목)

(2010년=100)

비싸다
↑
엔화
↓
싸다

실질 실효 환율(REER)

20년 평균(REER)

명목 실효 환율(NEER)

출처 I BIS

NEER, 후자는 'Real Effective Exchange Rate' 줄여서 REER이다. 모두 국제결제은행(BIS)이 정기적으로 발표하는 통계다. 특히 REER 은 한 통화의 종합 능력의 척도로 사용되며, 장기 평균에서 얼마나 벗어났는지의 비율을 주목하는 경우가 많다.

2021년 후반 이후 대대적으로 보도되었듯이 엔화의 REER은 '반세기 만의 낮은 값'까지 하락했다. 구체적으로 보면 엔화의 REER은 2022년 6월 시점에 60.33까지 하락했다. 이는 변동 환율제로 이행한 직후인 1973년 초에 기록한 수준(동년 1~3월 평균으로 68.08)에 비해 10% 이상 낮은 수준으로 그야말로 반세기 만의 낮은 값이 된다.(표 18) 2022년 이후 이 표현을 여러 번 들은 독자가 많을 것이다.

또 2021년 하반기 이후의 외환시장에서는 2015년 6월에 기록한 70.64가 '구로다 라인'이라 불리며 주목받았는데 2021년 11월에 무너지고 그 후로도 최저치 갱신이 이어졌다. 2015년 6월 당시의 달러/엔 환율은 125.86엔이라는 아베노믹스 아래에서 최고치를 기록했다. 2015년 6월 10일 구로다 총재는 중의원 재무금융위원회에서 '실질 실효 환율이 여기까지 이르렀다는 것은, 여기서 더 (실질 실효 환율이) 엔저로 흔들린다는 것은 예사로운 일이 아니다'고 말해 외환시장에서 엔화 매수세가 몰리면서 달러/엔 환율이 급락하는 일이 있었다. 그러나 2022년 4월 달러/엔 환율은 125.86엔을 돌파하여 이후 20년 만의 엔저·달러고 수준을 때때로 갱신하는 상황에 놓였다.(헤드라인에서는 20년 만의, 23년 만의, 24년 민의… 고가 갱신 보도가 이어졌다) 1973년 2월에 완전한 변동 환율제로 이행한 이후 일본의 정치, 경제, 사회가 엔저를 반기지 않고 오히려 공포감을 품은 것은 2022년이 처음이 아니었나 싶다.

수면 아래에서 진행된 값싼 일본

[표 18]에 나타냈듯이 2020년 이후 팬데믹 국면에서는 NEER에 비해 REER의 하락이 컸다는 점을 알 수 있다. 엄밀히 말하면 2017년 이후 그 경향이 뚜렷해지고 있다.

　　왜 그럴까. REER은 주요 무역 상대국에 대한 ①'명목 환율'과 ②'물가의 상대적 변화'에 의존하여 산출되는 통계다. ①은 예를 들면 독자가 보는 달러/엔 환율이다. 보통 사람들에게 환율이라고 하면 이것을 말한다. 그러나 ①이 움직이지 않아도 ②에 관하여 일본의 물가가 다른 나라에 비해 크게 하락하면 REER은 계산상 떨어진다. 국내 물가가 해외 물가보다 낮게 움직이면 '실질적으로 그 통화는 싸졌다'고 해석된다. 달리 말하면 REER의 하락은 '외국인의 시각에서 일본의 재화·서비스 물가가 상대적으로 내려갔다(실질적으로 싸졌다)'는 사실을 의미하며, 이른바 '값싼 일본'을 단적으로 말하는 계수라 할 수 있다. 세간의 이목을 끌기 쉬운 것은 달러/엔 환율이지만 일본 경제 전체에서 중요한 시사점을 던지는 것은 REER이다.

　　엔화의 REER이 역사적으로 낮아지면 일본인에게는 구매력 저하지만, 외국인의 관점에서는 일본에 대한 구매력 상승이다. 이 책 집필 시점에는 관광 목적의 외국인 여행객, 이른바 인바운드가 아직 전면 해제되지 않았지만, 앞으로 일본에 들어올 외국인 관광객은 팬데믹 이전에 비해 큰 구매력을 발휘할 것이다.

　　참고로 REER이 NEER을 완연히 밑돌기 시작한 때는 2017년경인데 2017년부터 2019년은 달러/엔 환율 변동폭이 역사적으로 봐도 아주 좁고 잔잔한 시기였다. 2018년과 2019년은 2년 연속으로 사상 최소폭을 기록했다. 즉 많은 사람이 주목하는 ①'명목 환율'이 움직이지 않은 이면에서 ②'물가의 상대적 변화'에 관해서 말하면 일본의 물가가 세계적으로 크게 떨어진 결과 '값싼 일본'이 그 무렵부터 형성되고 있었던 것이다. 달러/엔 환율이 1년에 20엔이나 30엔이나 엔저·달러고가 되면 누구나 '값싼 일본'을 체감한다.(실제로 2022년이 그런 해였다) 그러나 2017년 이후는 물밑에서 국내외 물가 격차가 확대됨에 따라 엔화의 구매력이 다른 통화에 비해 상대적으로 떨어져 많은 사람이 체감할 새도 없이 '값싼 일본'이 정착되어 있었다는 것이 실상에 가깝다.

임금 격차와 반세기 만의 엔저

엔화의 REER이 '반세기 만의 저가'를 기록한 배경을 친근한 예로 보충하려고 한다. 중요한 점은 일본 이외에 대부분의 나라는 명목 임금이 오르고, 그에 맞춰 재화·서비스 가격이 인상되는 것이 당연하다는 사실이다. 그 결과가 일반 물가의 상징인 CPI 등의 상승이다. CPI가 해외와 비교해 항상 부진한 일본 엔화의 REER은 계산상 계속 낮아지게 된다.

앞에서 인용한 아이폰 가격 인상은 환율 변동(엔저·달러고)을 반영한 부분도 있지만, 애초에 임금이 오른 나라의 신제품은 정가 책정 시점부터 일본인에게 비싸지기 쉽다는 점을 알아둘 필요가 있다. 아이폰뿐 아니라 롤렉스 등의 고급 시계, 메르세데스 벤츠 등의 고가의 자동차도 2021~2022년에 가격을 인상한다는 보도가 이어졌다. 전 세계에서 판매되는 인기 상품은 당연히 많은 나라를 대상으로 하고 이들 나라에서는 임금이 올랐다. 기업 입장에서는 이익이 극대화되도록 가격 설정을 하는 것이 합리적이고, 구매력이 높은 국가나 지역이 주된 시장이라면 가격도 그에 맞게 인상된다.

전 세계 어디에서 사더라도 같은 상품의 가격이 사는 장소에 따라 크게 달라지는 상황이 그대로 방치될 리는 없다. 아이폰이나 롤렉스와 같이 국경을 넘어 쉽게 들고 다닐 수 있는 인기 상품이라면 더더욱 뒤틀린 가격 설정이 방치되지 않는다. 결국 전 세계적으로 수요가 있고 일본인도 원하는 수입재의 가격은 일본인의 금전 감각과는 무관하게 인상되기 쉽다. 이런 메커니즘은 휴대전화나 손목시계에 그치지 않고 최종재와 중간재에서 폭넓게 작용한다.

엔화의 REER이 '반세기 만의 저가'를 기록한 배경에는 이런 국내외 물가 격차, 따지고 보면 임금 인상률 격차가 크게 관련되어 있다. 그렇다면 '반세기 만의 저가'를 생각할수록 일본 경제를 논의할 때 자주 쟁점화되는 '왜 일본의 임금은 오르지 않는가'라는 주제에 봉착한다. 이것은 이 책의 취지에 벗어나는 매우 큰 주제이므로 다음 기회로 미루기로 한다.

값싼 일본을 어떻게 활용할 것인가

앞서 말했듯이 '값싼 일본'이라고 불린 이상 한탄만 하고 있으면 건설적인 묘안이 나오지 않으니 이 상황을 어떻게 활용할지 국가의 과제로 생각해야 한다. 이 점에서 2021년 12월 14일 〈일본경제신문〉은 '의류 일본 국내 생산으로 회귀, 월드사 등 인건비 증가 및 엔저로 인해'라는 제목으로 일본의 의류 대기업이 일본 국내 생산으로의 회귀를 추진한다는 움직임을 보도했다. 일본 국내로 회귀하는 이유는 엔저 및 인건비 상승이라고 밝혔는데 말 그대로 항간에 떠도는 '값싼 일본'이 기업 부문의 행동에 영향을 미치기 시작한 것을 전달한 뉴스였다.

물론 의류업뿐 아니라 팬데믹의 영향을 받은 서플라이 체인의 혼란이 공급 제약을 일으키기 시작한 가운데 일본 국내 생산이 경영 안정으로 이어진다는 측면도 있겠지만, 이 기사에서 보도된 의류 대기업은 미래에 국내 생산 비율을 10%에서 50%로 끌어올린다는 방침을 언급했다. 엔화의 '반세기 만의 저가'에 맞추어 기업의 행동도 반세기 전의 모습을 찾으려는 것은 어쩌면 당연한지도 모른다.

무엇보다 생산 비용에만 주목하면 일본 국내가 여전히 비싸고, 어디까지나 국내로 회귀함으로써 '주문·생산·납품 과정에 드는 시간이 단축되어 기회 손실을 줄일 수 있다'는 것이 이 책 집필 시점의 이야기로 보인다. 그러나 해외의 임금과 물가는 오르고 일본은 그렇지 않은 상황이 이어지면 생산 비용만 봐도 일본이 낮아질 미래가 조만간 올 것이다. 애당초 자국의 '저렴함'을 활용하여 일본의 재화를 해외에 파는 경제 성장의 초기 단계로 되돌아가는 징후가, 가령 G7의 일원인 일본에서 조금이라도 보인다면 눈길을 끌게 될 것이다.

서비스는 저렴함을 무기로 수출 증대

참고로 '저렴함'을 활용하여 수출되는 것은 재화뿐만이 아니다. 서비스도 마찬가지다. 오히려 재화와 달리 복잡한 제조 공정을 고려하지 않는 만큼 곧바로 '값싼 일본'의 매력이 외국인에게 전달되기 쉬운 면도 있다. 이런 움직임은 이미 아베노믹스의 2013년 이후 경제 정책 운용에서 뚜렷이 확인되었다. 당시 대폭적인 엔저에도 이미 해외 생산 이전을 추진해온 제조업에서, 요컨대 재화와 관련된 무역수지에서 수출이 크게 증가하지는 않았다.

한편으로 서비스수지에서는 여행수지의 대폭 흑자를 주축으로 만년 적자에서 흑자로 전환되는 움직임도 보였다.(표 19) 이것은 방일 외국인 여행자(표에서는 방일 외국인 관광객 수로 표시), 이른바 인바운드의 서비스 대가로 외화를 획득한 것으로 자동차나 전자제품 등의 '재화'와는 형태가 다른 훌륭한 수출의 하나다. 아베노믹스 아래에서 엔

[표 19] 일본의 서비스수지와 방일 외국인 관광객 수

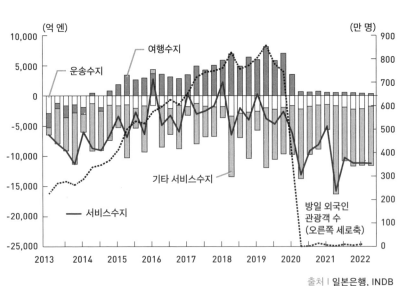

출처 I 일본은행, INDB

저가 실물 경제에 직접적이고 긍정적인 영향을 주었다고 한다면 재화 수출이 아니라 여행수지가 주축인 서비스 수출이었다. 일본의 여행수지는 2015년 플러스 1.1조 엔으로 연간 기준으로 첫 흑자 전환했고, 그로부터 4년 뒤인 2019년 플러스 2.7조 엔으로 세 배 가까이 늘었다. 당시의 기세를 떠올려보면 팬데믹만 없었다면 사상 최고의 흑자를 계속 갱신해 나갔을 가능성이 크다. 무엇보다도 도쿄올림픽이 계획대로 개최되었더라면 하는 아쉬움이 있다.

구체적으로 수치를 보자. 2021년 연간 경상수지 흑자는 15.5조 엔으로 코로나 직전 5년 평균(2014-2019)의 19.9조 엔과 비교하면 4~5조 엔 내려갔다. 2021년의 경상수지 흑자가 줄어든 원인은 원유를 비롯해 원자재 가격 상승에 따른 무역수지 적자 확대의 영향이 컸다. 과거의 실적을 감안하면 여행수지 흑자(2019년 2.7조 엔)는 무역수지 적자로 늘어난 엔화 매도의 상당 부분을 흡수했다. 무역수지 적자 확대로 상징되는 수급 환경의 변화가 역사적 엔저 상황의 배경으로 꼽혔던 2022년 3월 이후 상황을 고려하면 여행수지가 과거의 모습을 유지했다면 일정 부분 제동이 걸렸을 가능성이 있었다.

또 방일 외국인 여행자의 증가는 엔저 억제와 동시에 경기부양 효과도 물론 기대할 수 있다. 일본 관광청이 발표하는 방일 외국인 소비액은 2019년에 4.8조 엔으로 7년 연속 사상 최고를 경신하고 있었다. 앞서 말한 대로 엔화의 REER이 반세기 만의 저가를 기록한 것은 그만큼 일본의 물가가 방일 외국인 여행자의 눈에 '이득'으로 비쳤을 것이므로, 앞으로 일본에서 관광할 때는 훨씬 많은 소비와 투자를 해줄 가능성이 있다. '값싼 일본'의 부정적인 측면만 주목받기 쉽지만 팬데믹을 거쳐 방일 외국인 여행자가 일본에서 발휘할 수 있는 구매력이 상승하고 있다는 점은 상업에는 기회임이 틀림없다.

물론 이런 방일 외국인 여행자에 의한 소비와 투자만으로 일본 전체의 고용과 임금 사정, 나아가 물가 사정을 끌어올릴 수는 없다. 그러나 뒤에서 논하겠지만 미래 일본의 주요 외화 획득 수단의 하나로 자리매김한다면 외국인을 매몰차게 대하는 정책은 현명하다고 할 수 없다.

관광 대국이라는 미사여구

이 책 집필 시점에 기시다 정권은 엄격한 입국 제한을 계속 이어 나가고 있다. 그러나 세계 경제가 완전히 팬데믹을 극복하여 국내외의 이동이 정상화되면 '여행수지의 흑자 확대'에 주목하여 '값싼 일본'의 미래를 관광 대국화라는 미사여구와 함께 펼쳐 나가는 논의로 활발해질 것이다. 단적으로 '외국인의 지갑에 의존'하는 셈이 되는 관광 대국이라는 비전에 관해서는 찬반이 나뉜다. 그러나 중요한 것은 일본인의 바람과 상관없이 상대적으로 값싼 일본에 매력을 느끼는 외국인은 일본에 들어와 소비와 투자를 즐기고 돌아간다는 사실이다. 돈과 마찬가지로 사람도 규제가 없으면 어느 정도는 합리적으로 움직인다.

2019년 이전의 일본을 돌아보면 외국인에게 인기가 많은 스시집이나 숙박 시설 등을 중심으로 도쿄 도심의 음식업과 숙박업의 가격이 오르는 상황이 지적되었다. 앞으로 도쿄 도심을 중심으로 재화·서비스의 가격이 외국인의 소비와 투자 의욕에 가까운 것부터 차례로 올라갈 것은 충분히 예상된다. 이것이 일본의 일반 물가 전체에 파급될 때까지 시차는 있겠지만 이탈리아의 베네치아나 프랑스의 파리처럼 많은 재화·서비스가 비거주자를 대상으로 기울어 가격이 높아지는, 이른바 관광지 가격이 되는 경우도 있다.

앞서 말했듯이 해당 통화의 종합적 실력이라고도 불리는 REER은 주요 무역 상대국에 대한 ①'명목 환율'과 ②'물가의 상대적 변화'에 의존한다. 가령 도쿄 도심의 물가 상승에 동반하는 모습으로 일본의 일반 물가가 상승하면 ②의 경로를 통해 크게 낮아진 REER도 반전된다. 그 자체는 이론적으로 생각해도 적절한 조정이라 할 수 있다.

하지만 이런 조정(REER 기준으로 엔고)이 일본에 사는 사람들에게 행복한 일인지 아닌지는 다른 이야기다. 위와 같은 움직임을 관광 대국화라는 한마디로 정리하면 듣기 좋고 실제로 이미 일본에 남은 길은 이것밖에 없다는 의견도 있다. 그러나 관점에 따라서는 방일 외국인에 매달리는 경제이기도 하므로 결과적으로 일본인의 소비와 투자가 얼마나 늘어나고 사회적 후생이 높아질지는 새로운 문제의식으로 부상할 것이다. 특히 일본인은 다른 문화와의 교류에 알레르기 반응을 그대로 드러내므로 논란도 많다.

또 이런 일본이라는 나라의 전체 이미지를 논하는 것에서 벗어나 엔화 환율 예측이라는 실생활에 가까운 화제로 눈을 돌린 경우도 중요한 함의가 있다. 앞에서 말했듯이 여행수지를 중심으로 한 서비스수지의 흑자화를 염두에 두면 관광 대국화와 함께 일반 물가가 오를 가능성은 나름대로 예견되는 미래다. 그렇다면 반세기 만의 저가까지 하락한 엔화의 REER이 꼭 ①'명목 환율'의 엔고로 조정되지 않는 미래도 충분히 일어날 수 있다는 말이기도 하다. 즉 달러/엔 환율로 말하면 예전 70~90엔대와 같은 세계는 이제 더는 떠올릴 필요가 없다는 생각으로도 이어진다.

레이와 시대의 쇄국으로 무려되는 화근

재화의 생산에 있어서 국내의 공동화가 진행되고 있음을 생각하면 서비스 수출인 여행수지의 흑자는 일본 경제에 중요한 외화 획득 기회라고 생각해도 무방하다. 그러나 팬데믹 국면에서 일어서는 과정에서는 일본의 정치가가 그 중요성을 이해하고 있는지 의심되는 대응이 이어졌다.

구체적으로는 '레이와 시대의 쇄국'으로 비유된 기시다 정권의 엄격한 입국 규제다. 명목상으로는 코로나19 감염 방지를 염두에 둔 검역 대책이라고 하지만, 같은 시기에 일본인이 자유롭게 해외를 오갔다는 사실을 떠올리면 감염 대책 시스템으로는 완전히 엉망이라고 말할 수 있다. 또 2022년 봄 이후 많은 선진국은 입국 규제를 철폐하고 팬데믹 이전의 왕래를 회복했다. 이런 가운데 일본이 입국 규제와 같은 조치를 되풀이한 배경에는 인구 동태상 보수 성향이 강한 고령자층이 많고 과잉 대책이 지지를 얻기 쉽다는 사정이 있다고 했다. 기시다 총리는 취임 후 얼마 지나지 않은 2021년 12월 경제 관계자들과의 모임에서 '코로나19 대응은 과한 편이 낫다'고 분명히 밝혔으며 실제로 이런 정책 운용이 이어졌다. 그 결과 정권 지지율은 안정되어 있었으므로 엄격한 입국 규제와 이에 수반하는 방역 정책은 세계의 대세와 달랐지만 완화 방향으로 수정할 정치적 동기가 부족하지 않았나 싶다.

그러나 국내외의 경제 주체 입장에서 본다면 이것은 불합리한 조치였다. 2022년 2월 9일 주일 미국상공회의소의 크리스토퍼 라플러 특별고문이 일본외국특파원협회 기자회견에서 '외국 기업 입장에서 일본이 장기적으로 신뢰할 수 있는 파트너인지 의문이 생긴다'고 심경을 토론했다. 기자회견 이후 2022년 2월 10일 〈일본경제신문〉은 '거세지는 개국 요구 / 주일 미국상공회의소 등 입국 제한 비판 / 독일 기업 손실 130억 엔이 넘어'라는 제목으로 미국상공회의소 회원 기업 중 적어도 150명의 직원이 입국하지 못했고, 가족을 포함하면 수백 명에 이른다는 라플러 고문의 발언을 다루었다.

그 시기 세계적으로는 입국 규제를 완화하는 결단을 내린 것도 일본의 특이함을 더욱 돋보이게 했다. 또 같은 기사에서는 주일 미국상공회의소, 유럽비즈니스협회 등이 2022년 2월 3일에 '과학적 근거를 바탕으로 한 입국 정책을 하루빨리 도입'하도록 일본 정부에 요청하는 공동 성명을 발표했다고도 보도되었다. 이와 유사한 보도는 셀 수 없이 많다.

입국 규제의 영향은 외국계 기업뿐 아니라 유학생에게도 미쳤다. 2022년 2월 3일 〈마이니치신문〉은 '언제쯤 일본에 갈 수 있을까, 레이와 시대의 쇄국에 세계가 분노'라는 제목으로 검역 대책으로 문전박대당한 유학생들의 목소리를 전했다. 인구 동태상 유망한 기업이나 인재를 해외로부터 받아들이는 것은 중요한 국익일 텐데 정반대의 정책 대응이 이어졌다.

2022년 4월 17일에는 전 세계 항공회사가 가맹된 국제항공운송협회(IATA)의 윌리 월슈 사무총장이 싱가포르에서 열린 행사에 참석하여 일본을 향해 입국 규제를 한 단계 완화해달라고 요청했다. 과잉 방역 대책은 제로 코로나 정책으로 비난받는 경우가 많고, 그 시작에 중국이 있다고 알려졌으나 일본의 엄격한 입국 규제도 중국과 함께 아시아·태평양 지역의 항공 수요 회복에 걸림돌이 되고 있다고 비판받았다. 일본인의 해외 여행이 용인되는 한편 비즈니스나 유학이 목적이라도 외국인이 일본에 입국할 때 엄격한 대응이 요구되는 구도에서는 외국인의 존재가 '부당한 대우를 받고 있다'는 인상을 받아도 어쩔 수 없었다.

일본 국내에서도 비슷한 목소리가 뒤를 이었다. 2022년 4월 27일 경제재정자문회의에서는 민간 위원이 코로나19 검역 대책으로 인해 허용되지 않은 관광 목적의 입국을 조기에 재개할 것을 제안했다. 이렇듯 국내외의 반발을 초래하는데도 이 책 집필 시점에 입국 규제의 상한은 1일 2만 명으로 설정되어 있고, 규제 철폐의 결단이 내려지지 않았다.

참고로 방일 외국인 수가 절정에 달한 2019년에는 3,200만 명이 일본을 찾았다. 대략 하루에 8.8만 명이므로 1일 2만 명으로는 당시의 4분의 1에도 미치지 못한다. 앞서 말했듯이 세계의 조류는 이미 완전 철폐로 돌아섰고, 이 회의에서 기시다 총리도 '왕성한 해외 수요를 받아들이는 것은 경제 활력을 높이고 장기적으로 성장력을 높이는 일'이라고 표명한 점을 생각하면 정책 운용의 배후에 있는 논리는 이해하기 어렵다.

보수적인 일본 국내 여론에 의존한 일련의 검역 대책이 일본 경제의 미래에 어떠한 화근을 남길지는 몇 년에 걸쳐 영향을 주시할 필요가 있다. 예를 들어 2022년 4월 11일의 〈마이니치신문〉은 '쇄국의 일본 영향은 2~5년 후 신뢰 회복, 완화만으로는 충분하지 않아'라는 제목의 기사에서 영향의 장기화를 우려했다. 기사에는 교환 유학 등과 관련하여 해외 대학으로부터 자매결연 취소 등을 당한다는 언급이 있다. 이것이 완전히 복원되기까지는 그만큼의 시간이 필요하다는 주장이다.

반복해서 말하지만 일본의 기업이나 대학생은 상대국에 진출해 있는데 그 반대는 안 된다는 것은 참으로 안타까운 일이다. 레이와 시대의 쇄국 정책의 경험을 바탕으로 앞으로의 관계성을 재검토하겠다는 해외의 기업이나 학교가 나오는 것은 이상하지 않다.

레이와 시대의 쇄국으로 인해 일본이 입는 피해의 크고 작음이나 시간 축은 이 책 집필 시점에서는 헤아리기 어렵다. 그러나 인구가 감소세에 있고 천연자원도 부족하다는 조건을 돌이켜보면 과학적 근거도 없이 외국인을 문전박대하는 정책 운용은 상당히 리스크가 큰 정책이었다는 생각을 지울 수 없다. 자국 통화 약세를 우려하는 상황도 함께 보면 더욱 그렇다.

여행수지를 둘러싼
엔화와 위안화의
관계

여행수지는 무역수지에 비하면 주목을 덜 받지만 엔화 환율의 움직임을 점치는 데에 적지 않은 영향을 주는 것 같았다. 팬데믹 직전인 2019년 방일 외국인 관광객 수는 정확하게 3,188만 명을 기록하고 여행수지는 2.7조 엔 흑자로 모두 사상 최고치를 기록했다. 잘 알려진 대로 관광 목적으로 일본을 찾은 대다수는 중국인이다. 2019년만 보면 30%가 중국(954만 명)이고 한국 18%(558만 명), 타이완 15%(489만 명)였다. 당연히 미국인이 일본에 여행하러 올 때는 달러를 팔아 엔화를 사듯이 중국인이라면 위안화를 팔아 엔화를 사는 외환 거래가 발생한다. 여기서 명목 실효 환율(NEER)의 동향을 보면 엔화의 하락 경향은 2021년 초부터 시작된 한편 그 시기 위안화의 상승 경향도 시작되었다는 것을 알 수 있다.(표 20)

물론 외환 거래의 인과 관계를 특정하기가 쉬운 일은 아니지만 엔화와 위안화의 대조적인 움직임은 여행수지에서 '흑자가 사라진 일본'과 '적자가 사라진 중국'이라는 사실 관계를 상기시켰다. [표 21]에 나타냈듯이 팬데믹 이전에는 때때로 적자까지 지적받던 중국의 경상 수지는 2020년 팬데믹 이후 해외 여행의 움직임이 봉쇄된 가운데 여

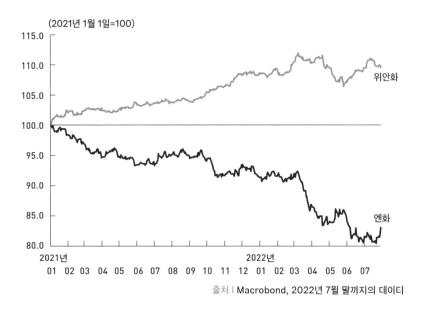

[표 20] 엔화와 위안화의 명목 실효 환율

(2021년 1월 1일=100)

위안화

엔화

2021년
01 02 03 04 05 06 07 08 09 10 11 12

2022년
01 02 03 04 05 06 07

출처 I Macrobond, 2022년 7월 말끼지의 데이디

[표 21] 중국의 경상수지

(10억 달러)

제2차
소득 수지

무역
수지

서비스
수지

제1차
소득 수지

경상수지

15   16   17   18   19   20   21   22

출처 I Macrobond

행수지 적자, 나아가 서비스수지 적자가 급감하여 결과적으로 경상수지 흑자를 기록했다. 이것은 일본 입장에서 보면 중국인의 '폭발적 구매' 소멸뿐 아니라 외화 획득 기회(위안화 매도, 엔화 매입)가 소실된 것을 의미한다. [표 20]에서 살펴본 통화의 강약과 이런 여행수지를 둘러싼 양국의 상황은 상응하는 관계가 있었던 것으로 보인다.

이런 중국으로부터의 인바운드 수요의 중요성을 설명할 때는 '중국인 여행객에게 의존하면서까지 경제나 환율의 안정을 위해 노력해야 하는가'라는 정치적 우려도 일부에 있어 결론을 내리기가 쉽지 않다. 그러나 이런 정치적 논의와는 달리 실물 경제의 연계는 환율을 포함하여 긴밀하게 이루어지고 있음을 지적하고 싶다. 게다가 국가 안전 보장의 관점에서 규제해야 할 부분은 규제한다는 논점은 활발하게 논의되어야 마땅하다. 어디까지나 외환 수급을 감안했을 때 중요하다고 지적하고 싶다.

GDP 디플레이터로 보는 '부유함'

일본에서 엔저와 함께 자주 쓰이는 '값싼 일본'이라는 표현은 굳이 말하자면 외국인의 눈높이에서 일본을 평가했을 때의 인상을 나타내는 것이다. 일본인의 시선으로 일본을 평가했을 때는 '싼지 아닌지'보다도 '부유한지 아닌지'에 관한 일본 국내의 실감이 더 중요하다고 할 수 있다. 이 점에서 일본 경제를 둘러싼 '부유함'을 파악하는 데는 GDP와 함께 분기에 한 번 발표되는 GDP 디플레이터를 이해하는 것이 도움이 된다.

GDP 디플레이터는 '명목 GDP 성장률-GDP 디플레이터=실질 GDP 성장률'에 사용되는 계수로 명목 GDP를 실질화할 때 사용되는 물가 지수다. GDP 디플레이터의 구성 요소를 이해함으로써 일본 경

제가 오랫동안 골머리를 앓아온 디플레이션의 정체에 어느 정도 다가

갈 수 있고, 2022년 이후에 나타난 자원 가격 상승과 엔저로 수입 물

가가 오르는 국면에서 그 문제점을 가시화할 수 있다.

먼저 GDP 디플레이터는 '명목 GDP÷실질 GDP'로 정의된다.

GDP에 관한 '삼면등가의 원칙'(생산, 분배, 지출의 세 측면에서 GDP를

[표 22] GDP 디플레이터(계절 조정치)의 요인 분석

(%, 전기 대비)

- □ 민간 최종 소비 지출
- ▨ 민간 기업 설비
- ▨ 기타 민간 수요
- ■ 공적 수요
- ▨ 수출
- ▨ 수입
- ── GDP 디플레이터
- ---- 국내 수요 디플레이터

출처 | 일본 내각부

측정한 총량의 크기가 같아진다는 원칙)에 근거해 '명목 GDP=명목 국내총소득(GDI)'이므로 '명목 GDP÷실질 GDP'는 '명목 GDI÷실질 GDP'라고도 표현할 수 있다. 개략적으로 명목 GDP가 생산 '금액'의 개념인 반면 실질 GDP는 물가 변동을 제거한 생산 '양'의 개념이다. 또 명목 GDI는 분배 '금액' 혹은 '소득' 금액의 개념이다. 그렇다면 '명목 GDI÷실질 GDP'로 산출되는 GDP 디플레이터란 '부가가치 1단위를 생산함으로써 얻을 수 있는 소득 금액'의 개념이다. 직감적으로 이 수치의 상승 없이 일반 국민이 느끼는 '부유함'이 개선되지 않음을 알 수 있다.

[표 22]는 2012년 이후 10년간의 GDP 디플레이터 추이를 본 것이다. 이를 구성하는 수요 항목별 디플레이터도 확인할 수 있도록 작성했다. 표에서 GDP 디플레이터는 간헐적으로 하락했는데, 그 배경은 주로 수입 디플레이터의 하락인 경우가 많고 원유를 비롯한 자원 가격의 상승이 주목받던 국면과 일치해왔다. 예를 들어 2013~2014년, 2021~2022년 등은 엔저와 자원 가격 상승이 주목받은 시기다.

이런 국면은 바꿔 말하면 일본 경제에서 교역 조건이 나빠지는, 손실이 확대되는 상황이다. 교역 조건은 알기 쉽게 말하면 '하나를 수출해서 몇 개를 수입할 수 있는가' 하는 개념이다. 원유 가격 상승 주도로 수입 물가가 수출 물가보다 상대적으로 상승하면 자원 수입국인 일본의 교역 조건은 악화한다. GDP 디플레이터는 그 구성상 자원을 비롯한 수입재 가격이 급등하는 상황에서 하락하기 쉽다. 한편 GDP

디플레이터가 상승할 때는 수입재가 아니라 어디까지나 국내 재화의 가격 주도로 인플레이션(홈 메이드 인플레이션)이 일어남을 의미한다. 이른바 '좋은 인플레이션'이라고 하면 이쪽을 가리키는 경우가 많다. 그래서 GDP 디플레이터는 일본 내각부가 판정하는 디플레이션 탈피의 기준*으로도 이용되어 왔다.

교역 조건을 발목 잡아온 GDP 디플레이터

여기서 일반적으로 주목받는 물가 지수인 CPI와 GDP 디플레이터의 구성상 차이를 포함해서 좀 더 깊이 있게 살펴보자.

일본에서는 CPI가 낮게 안정되어 있었기 때문에 GDP 디플레이터는 그 이상으로 뚜렷하게 하락해왔다.(표 23) 예를 들어 자원 가격 상승과 엔저의 병행이 확인되기 시작한 2021년 이후를 보면 GDP 디플레이터는 2021년 2분기부터 4분기까지 세 분기 연속으로 전년 대비 마이너스가 이어졌다. 한편 CPI는 2021년 2분기 마이너스였지만 3분기와 4분기 플러스로 전환했다. 장기 시계열로 보면 일본인의 대다수가 가지고 있을 '디플레이션'의 이미지나 궤도는 CPI보다 GDP 디플레이터의 저공비행이 더 수긍하기 쉬울 것이다.

---

* 정부(내각부)가 제시하는 '디플레이션 탈피'의 판단 기준으로는 GDP 디플레이터 외에 소비자물가지수(CPI), 단위노동비용(ULC), GDP 갭이 있다고 알려져 있다.

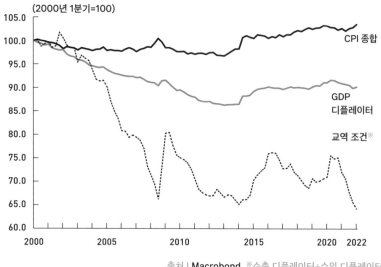

[표 23] CPI 종합과 GDP 디플레이터, 교역 조건

출처 I **Macrobond,** ※수출 디플레이터÷수입 디플레이터

양쪽의 차이는 수입재를 어떻게 취급하는가인데 교역 조건의 움직임에 기인한다. 정의상 양쪽의 차이를 단적으로 표현하면 'CPI는 국내 소비를 대상으로 수입된 재화의 가격도 반영하는 한편, GDP 디플레이터는 수출품을 포함하여 국내에서 생산된 재화의 가격을 반영한다'고 할 수 있다.

예를 들면 2022년 이후 일본에서는 기업물가지수(PPI)가 현저히 상승했는데, 이것은 기업 부문의 부담을 나타내고 있었다. 말할 것도 없이 반 이상은 원자재 가격, 다시 말해 수입재 가격에 기인했다. [표 22]에서 보았듯이 GDP 디플레이터의 하락은 수입 디플레이터에 끌려가는 부분이 크다. 즉 PPI 상승도 GDP 디플레이터 하락도 자원을 비롯한 수입재 가격이 상승하고, 기업 부문의 부하가 증가한다는 사실을 시사한다는 의미에서 공통된다.

한편 CPI는 수입재 가격도 반영하므로 자원 가격이 상승하는 국면에서는 아무래도 상승하기 쉽다. 일본에서는 기업 부문(≒PPI)이 비용을 흡수하므로 상승하기 어렵지만 말이다. 2000년 초를 100으로 했을 때 CPI(종합)에 비해 GDP 디플레이터는 침체가 눈에 띈다. 이 배경에 수입재 가격의 상승으로 인한 교역 조건 악화가 있었음은 [표 23]을 보면 잘 알 수 있다. CPI보다 GDP 디플레이터가 일본 경제의 침체를 잘 나타내는 것처럼 느껴진다.

디플레이션의 원인은 인플레이션이라는 이해

앞의 내용대로 GDP 디플레이터는 '부가가치 1단위를 생산함으로써 얻을 수 있는 소득 금액'의 개념인데, 직감적으로 이것은 일본인이 느끼는 '부유함 내지는 빈곤함'과 직결된다. 아마도 애매한 의미로 쓰이기 쉬운 '디플레이션'이라는 감각의 크고 작음에도 일치하는 것 같다. 수입재의 가격 주도로 교역 조건이 나빠지고 일본인의 소득이 해외, 특히 자원 생산국으로 유출됨으로써 사람들이 느끼는 디플레이션 감각(빈곤함)이 강해졌다는 의견은 그렇게 틀린 것 같지 않다.

교역 조건의 악화가 '부유함'을 억제해왔다는 사실을 확인하는 방

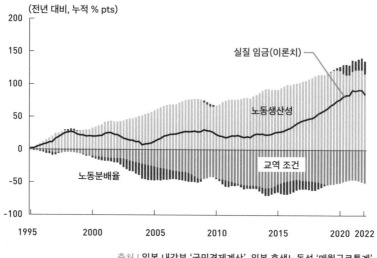

[표 24] 실질 임금의 요인 분석

(전년 대비, 누적 % pts)

실질 임금(이론치)

노동생산성

교역 조건

노동분배율

1995 2000 2005 2010 2015 2020 2022

출처ㅣ일본 내각부 '국민경제계산', 일본 후생노동성 '매월근로통계'

법은 GDP 디플레이터를 보는 방법 외에도 있다. 여기서는 GDP 디플레이터의 중요성을 해설하는 것이 취지이므로 다소 에둘러서 하는 설명이 되었는데, 원래 실질 임금은 이론적으로 ①노동생산성, ②교역 조건, ③노동분배율로 분해된다.* [표 24]는 이 관계를 바탕으로 일본에서 시간당 실질 임금의 전년 대비 변화율의 누적 기여도로 분해한 것이다. 노동분배율도 그렇지만 교역 조건의 악화가 실질 임금의

---

* 시간당 실질 임금의 변화율은 ①시간당 노동생산성 상승률, ②교역 조건의 변화율, ③노동분배율의 변화율 세 가지로 구성된다. 시간당 실질 임금은 '시간당 명목 임금÷CPI'로 계산된다. 구성 항목은 ①은 '실질 GDP÷총노동 투입 시간', ②는 'GDP 디플레이터÷CPI', ③은 '명목 임금×총노동 투입 시간÷명목 GDP'로 계산되며 '시간당 실질 임금=①×②×③'이 된다. 본문에서 논한 대로 GDP 디플레이터와 CPI 변화율의 차이는 수출품과 수입품의 변화율 차이이므로 이것을 교역 조건의 변화율로 보고 있다.

상승을 억제해온 모습을 잘 엿볼 수 있다. 자원 가격 상승에 기인하는 부분도 당연히 크지만 여차하면 곧바로 엔저를 만능 해결책처럼 숭상해온 경제 정책에도 책임은 있다.

이런 GDP 디플레이터에 관한 이해가 깊어지면 일본 경제에서 사람들이 느낀 '부유함'의 저하, 말하자면 디플레이션 감각은 자원 가격 상승에 의한 교역 조건 악화가 주도해왔다는 역사가 눈에 들어온다. 이 사실을 단순화하여 종합하면 '디플레이션의 원인은 자원이나 엔저 주도의 인플레이션'이라고도 말할 수 있다. 자원 가격 주도로 상승하는 CPI가 바람직하지 않다는 것은 잘 알려진 사실이지만, 이는 GDP 디플레이터의 하락이 보다 솔직하게 보여주는 사실임을 알아두자.

제 4 장

정말 두려워해야 하는 것은 가계의 엔화 매도

점잖은 일본인은 변할 것인가?

무역 적자와
직접 투자는
기업 부문의 엔화 매도

이미 살펴봤듯이 2022년 봄부터 주목받은 엔저 상황은 미·일 금융 정책의 격차라는 역설적인 논점과 더불어 무역수지 적자 확대로 상징되는 수급 환경의 변화를 이유로 꼽는 경우가 많았다. 수급 환경이라고 한마디로 표현했으나 의미하는 바는 폭넓은데 상징적으로는 ①자원 가격 상승을 주된 원인으로 하는 무역수지 적자의 확대이지만 ②일본의 기업 부문의 대외 직접 투자 증대도 엔화 매도 압력을 상당히 강하게 했다는 사실은 1장에서 설명한 대로다. ①은 매달 경상적으로 발생하는 엔화 매도·외화 매입인 데 비해 ②는 기업을 인수할 때 덩어리로 발생하는 엔화 매도다. 2011~2012년을 경계로 일본에서는 ②의 기세가 현저히 강해진 결과 대외 순자산의 절반을 직접 투자가 차지했다.

이 점도 1장에서 설명했는데 일찍이 일본의 대외 순자산이라고 하면 미국 국채나 미국 주식 등으로 대표되는 증권 투자였다. 위험 회피 분위기가 강해졌을 때 보유한 해외의 유가증권을 파는(≒외화 매도·엔화 매입) 움직임은 상상할 수 있는데, 신중하게 검토를 거듭하여 매수한 해외 기업을 매각하는 움직임은 상상하기 어렵다. '위험 회피

를 위한 엔화 매입'의 압력이 약해진 배경에는 무역수지 흑자의 소멸
도 당연히 있지만 중장기적으로 대외 직접 투자가 증가한 것도 크게
기여했다고 생각한다. 또 위에서 언급한 ①과 ②의 움직임은 기초 수
지(경상수지+직접 투자)의 유출로 정리된다는 점도 1장에서 설명했다.

정말 두려운 것은 가계 부문의 엔화 매도

　　더욱이 ①과 ②의 엔화 매도는 '기업 부문의 엔화
매도'로 정리할 수 있는 자본 흐름이지만 지나치게 우려할 일은 아니
다. 가령 무역수지는 적자든 흑자든 자원 가격 상승으로 극단적으로
왜곡되기도 한다. 하지만 이론적으로는 최적의 국제 분업을 이룬 결
과로 '흑자는 선이고 적자는 악'이라는 이해는 올바르지 않다. 트럼프
전 대통령처럼 흑자와 적자를 기업의 이익과 손실처럼 논하려는 입장
에는 주의가 필요하다.

　　또 대외 직접 투자도 시장 축소가 기정사실화되어 있는 일본에서
빠져나와 시장 확대가 기대되는 해외로 활로를 찾으려는 합리적 경영
판단의 결과라고 말할 수 있다. 이는 투자 기대수익률을 일본이 아니

라 해외를 더 높게 평가했다는 의미에서 일종의 기업 부문의 자본 도피라고 읽을 수 있는데, 해외 사업의 성공이 국내 경제에 환원되는 것도 기대되므로 역시 일률적으로 나쁜 것만은 아니다. 실제로 이런 과거의 투자로 생겨난 투자 수익으로 구성되는 제1차 소득수지 흑자가 2011~2012년을 경계로 일본의 경상수지 흑자의 주축이 되고 있다. 엔저 상황에서는 이런 제1차 소득수지 흑자가 엄청난 외화 평가 이익을 동반하여 경상수지 흑자 전체를 부풀리는 현실이 있다.

다시 말해 ①이나 ②와 같은 '기업 부문의 엔화 매도'는 엔저를 구동하는 재료이기는 하지만 그 자체로 나쁜 것만은 아니다. 이에 비해 진정으로 두려워해야 할 일은 '가계 부문의 엔화 매도'다. 가계 부문이 엔화 자산의 보유를 리스크로 생각해서 해외 투자에 관심을 갖기 시작하면 이것은 단순한 방어 행위일 뿐 일본 경제가 얻는 혜택은 없다. 뒤에서 다시 논하겠지만 가계 금융 자산의 몇 퍼센트가 외화로 분배되는 것만으로도 엄청난 규모에 이르므로 큰 폭의 엔저가 우려된다. 지금부터는 이 논점을 살펴본다.

성장을 포기하면
언젠가 가계 부문의
엔화 매도를 초래한다

이 책의 집필 시점에서는 가계 부문의 엔화 매도가 곧바로 일어날 분위기는 없다. 그러나 앞으로도 그러리라는 보증은 전혀 없다. 2022년 3월 이후에 본격화된 엔저 상황에 기시다 정권의 경제 정책은 금융시장에서 전혀 지지받지 못했다. 이것은 BOX①에서 설명한 닛케이CNBC의 조사와 외국인의 일본 주식 매매 동향에서 본 대로다. 인구 동태상 큰 비중을 차지하는 고령자층에 친화적인 보수적 정책 운용을 계속하면 지지율은 떨어지지 않지만 성장률은 저공비행을 면치 못한다. 팬데믹에서 부활할 때도 해외는 경제 정상화를 우선으로 했지만, 일본은 일일 신규 감염자 수를 세기에 여념이 없었다.(이것은 팬데믹에서 2년 반 이상 지난 이 책 집필 시점에서도 전혀 변하지 않았다) 신규 감염자 수가 늘어날 때마다 행동 규제로 상징되는 민간 경제 활동에 만성적으로 개입하고 외국인의 입국도 계속 거부했다. 당연히 성장률은 선진국에서도 독보적으로 낮았고, 이 책 집필 시점에서 팬데믹 직전의 실질 GDP 수준을 밑도는 선진국은 일본뿐이다.(표 25)

이런 상황은 '원래 일본의 잠재성장률이 낮았으니까' 하는 차원으로 설명할 수 없다. 원래는 팬데믹 발생으로 급격히 악화한 2020년부터의 반작용이 기대되던 2021년의 성장도 도쿄올림픽이 있었음에도 미약한 수준에 그치고 말았다. 신규 감염자 수가 증가할 때마다 영업시간 단축이나 개인 행동 규제를 강요하는 환경에서는 소비와 투자 의욕이 되살아날 리 없었다. 이미 언급했듯이 이렇게 성장을 도외시하는 방역 대책은 젊은 층에 비해 행동 범위가 한정적인 고령자층이 많은 사회에서는 결정적인 비판에 시달릴 일이 적어 정치적으로 선호되기 쉽다는 평이 많았다. 이 해석이 사실이라면 팬데믹이 완전 종식

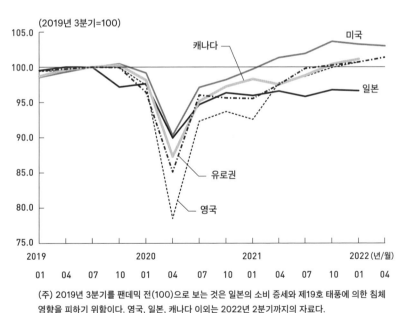

[표 25] 주요 국가의 실질 GDP

(주) 2019년 3분기를 팬데믹 전(100)으로 보는 것은 일본의 소비 증세와 제19호 태풍에 의한 침체 영향을 피하기 위함이다. 영국, 일본, 캐나다 이외는 2022년 2분기까지의 자료다.

출처 | Macrobond

된다고 하더라도 향후 일본 사회에서 산발적으로 얼굴을 내미는 정책 경향이 될 것으로 보인다.

민주주의 국가에서 다수파의 의견이 잘 통하는 것은 어쩔 수 없는 일이다. 그러나 이런 현역 세대의 의향을 무시하는 정책을 계속할수록 성장률은 정체한다. 당연히 일본은행은 완화 노선을 계속할 수밖에 없다. 특히 2022년 이후는 일본 이외의 선진국이 금리 인상으로 기울어지면서 금리만 놓고 보면 엔화의 투자 묘미는 확연히 악화했다. 일본의 성장률이 특히 뒤처진 2020년 1월부터 2022년 6월까지 엔화는 명목 실효 환율(NEER) 기준으로 ▲16%, 실질 실효 환율(REER) 기준으로 ▲24%, 달러 대비 ▲25%로 각각 하락했다. 단기간에 엔화의 가치가 이렇게나 내려간 적은 역사적으로 드물었고, G7 국가 통화 중에서는 압도적으로 약세를 보였다.(표 12 참조) 또 엔저라고 해서 같은 시기에 일본 주식이 잘 팔린 것도 아니라는 점은 BOX①에서 이미 설명했다. 엔화를 가지고 있는 것만으로 다른 통화에 비해 가치가 떨어지는 환경이 이어지면 일본의 가계가 '엔화 자산 보유를 리스크로 생각하기 시작하는 전개'는 부정할 수 없는 미래로 생각된다.

외화 운용
증가의
움직임도

일본의 가계 부문이 보유한 금융 자산 구성을 구체적인 숫자로 들여다보자. 보수적인 국민 기질과 금융 이해도의 결여 등 다양한 이유가 지적되는 가운데 일본에서는 오랫동안 개인 금융 자산의 95% 이상이 엔화성 자산으로 보유되어 50% 이상이 거의 아무런 이익도 나지 않는 현금성(외화 예금 제외)에 묶여 있었다. 2022년 3월 말 일본의 가계 금융 자산은 2,005조 엔으로 2000년 3월 말 대비 600조 엔 정도 늘었다.(표 26) 그러나 증가분의 반 이상(340조 엔)이 엔화로 된 현금과 예금이다. 위험 자산의 대표 격인 주식과 출자금의 비율은 10% 전후로 20년이 넘도록 거의 변함이 없다. 2014년에 요란하게 도입된 NISA(소액 투자 비과세 제도) 등의 영향도 크지 않아 정부가 목표로 한 '저축에서 투자로'는 효과를 보지 못했다. 일본의 가계 부문에서 아직 엔화의 신뢰는 매우 크다는 생각이 든다.

이렇게 보면 가계 금융 자산이 엔화 환율의 가치를 생각하는 '최후의 보루'라는 인상은 이 책 집필 시점에서 크게 변함이 없지만 자세히 보면 변화의 움직임이 엿보인다. [표 26]에 나타냈듯이 외화성 자산을 구성하는 예금, 대외 증권 투자, 투자신탁 모두 2000년 3월 말과

[표 26] 일본의 가계 금융 자산 상황(2000년 3월 말과 2022년 3월 말)

	2022년 3월 말		2000년 3월 말		2000년 3월 말부터 2022년 3월 말에 걸친 변화	
	금액 (조 엔)	구성비 (%)	금액 (조 엔)	구성비 (%)	금액 (조 엔)	구성비 (%)
총자산	2,005.1	100.0	1,401.1	100.0	603.9	
외화성	67.6	3.4	13.2	0.9	54.5	2.4
외화 예금	7.0	0.4	3.1	0.2	3.9	0.1
대외 증권 투자	23.5	1.2	4.7	0.3	18.8	0.8
투자 신탁	37.1	1.9	5.3	0.4	31.8	1.5
엔화성	1,937.4	96.6	1,387.9	99.1	549.5	▲2.4
현금·예금(외화 예금 제외)	1,081.4	53.9	741.6	52.9	339.7	1.0
국채 등	25.7	1.3	50.6	3.6	▲24.9	▲2.3
주식·출자금	203.9	10.2	138.3	9.9	65.6	0.3
투자 신탁(외화 부분 제외)	58.8	2.9	52.2	3.7	6.6	▲0.8
보험·연금 준비금	539.7	26.9	369.9	26.4	169.8	0.5
예치금 등	28.0	1.4	35.3	2.5	▲7.3	▲1.1

출처 | 일본은행 '자금순환통계', 일부는 필자 작성

비교하면 시장점유율이 늘어났는데 금액 기준으로 예금은 2.3배, 대외 증권 투자는 5.0배, 투자신탁은 7.0배 불어났다. 엔화성 현금과 예금이 여전히 54%를 차지하는데 금액으로는 2000년 3월 대비 340조 엔 정도 증가했지만 시장점유율로 보면 +1.0%포인트 증가에 그쳤다.

한편 나의 추산으로는 외화성 투자신탁만으로도 시장점유율이 +1.5%포인트 증가하고 있어 가계 금융 자산에서 이 부문이 상대적으로 존재감을 드러냈다. 이 시기에 엔화성 주식과 투자신탁은 특별히 증가세를 보이지 않았음(시장점유율로는 횡보)을 고려하면 '저축에서 투자로' 움직였다기보다 '엔화에서 외화로' 움직였다고 하는 편이 정확한 표현이다. 전체 비율로는 엔화성 현금과 예금이 압도적이지만 외화 자산으로의 관심이 확실히 높아지고 있는 것으로 보인다.

1장부터 3장까지 논의를 이어온 것처럼 일본 경제의 대외 경제 부문(경상수지와 대외 순자산의 동향 등)이 어떤 구조 변화에 직면했음은 부정할 수 없는 진실이다. 공정 가치가 없는 외환시장에서 인과 관계를 판정하기란 어렵지만 '소멸한 무역수지 흑자'나 '대외 직접 투자의 급증'과 같은 수요와 공급 면의 변화는 '20년 만의 엔저·달러고'나 'REER 기준 반세기 만의 엔저', '되돌아갈 수 없는 구매력평가(PPP)' 등의 사실과 무관하지 않다. 엔화 자산을 둘러싼 환경이 2000년 전후, 아니 2010년 전후와 비교해도 크게 달라졌음은 분명하다. 게다가 엔화의 가치 하락이 가격 인상 기운 고조 등을 통해 실감하면 지금까지 점잖게 가만히 있던 일본의 가계 부문도 움직일 가능성은 있다. 역사적으로 당연시되어 온 보수적 운용 경향이 언제까지나 같을 이유는 없다.

원래 일본의 가계 부문은 FX(외환 증거금 거래)나 가상화폐 거래 등 투자라기보다 투기에 가까운 하이 리스크 자산 운용에 관심을 두는 경향이 있어 결코 뿌리부터 '보수적이라서 투자하지 않는' 것은 아니다. 자산 운용에서 점잖은 일본인도 언젠가는 변할 가능성이 충분히 있다.

해외 주식 투자라는 이름의 엔화 매도

'엔화보다 외화'라는 운용 지향은 일본 경제의 성장에 걸기보다 해외 경제의 성장에 걸고 싶은 마음의 단편을 나타낸다고 할 수 있는데, 이것은 이미 투자신탁 경유의 주식 투자의 실상을 보면 확연히 드러난다. 2020년 이후 일본에서는 미국 주식 투자가 하나의 유행처럼 거론되는 풍조가 있었다. 2021년 12월 28일 〈일본경제신문〉에는 '젊은 층의 투자는 소비 감각'이라는 제목의 대형 인터넷 증권사 사장의 인터뷰가 실렸다.* 꾸준한 수익을 기대할 수 있어서 생

---

* 〈일본경제신문〉 '젊은이의 투자는 소비 감각 / 라쿠텐증권 구스노키 사장' 2022년 12월 28일.

겨난 조류라고 할 수 있다.

대조적으로 일본 주식의 인기는 차마 눈 뜨고 볼 수 없는 상황이다. BOX①에서는 95% 이상의 개인 투자가가 기시다 정권을 '지지하지 않는다'고 답변한 설문조사 결과를 소개했는데 이 수치가 다소 극단적이긴 해도 '주식 투자라면 국내보다 해외'라는 가계 부문의 생각은 투자 신탁을 통한 주식 매매 동향에서도 잘 알 수 있다.(표 27) 또 이런 일본인의 해외 주식 투자는 2022년 이후 세계가 금융 완화로 되돌아가는 가운데 상당한 타격을 입은 것으로 보였으나, 동시에 엔저 현상이 극심한 수준에 달하여 '주가가 내려가도 외환 차익 덕분에 살

[표 27] 투자신탁의 주식 매매(국내 주식과 해외 주식, 2012년 3월 이후의 누적)

출처 I 투자신탁협회, 2022년 6월까지의 데이터

왔다'는 투자가도 많았던 것으로 추측된다. 이런 경험치는 해외 자산으로의 투자 의욕을 높일 것이다.

이와 같은 움직임은 아직 2,000조 엔을 넘는 가계 금융 자산의 말단에 지나지 않는 움직임이지만 일본의 가계 금융 자산이 엔화 자산에 편중되어 있다는 점은 확실하며, 미국 주식을 비롯한 해외 투자 붐은 국내 자산에 대한 집착이 수정되는 전조로 이해할 수 있다. [표 26]에서도 나타냈듯이 2000년 이후 25년 만에 이 움직임은 확실히 진행되고 있다. 이 책 집필 시점에도 서점에 발길을 옮기면 미국 주식 관련 서적이 경제 코너에 잔뜩 쌓여 있다. 과거 일본에서는 잘 볼 수 없었던 광경이다. 당연히 다는 아닐지라도 이러한 투자는 엔화 매도에 기여하게 된다. 2022년 6월 6일자 〈일본경제신문〉은 '개인 자금, 해외 주식에 연간 8조 엔 / 일본에서 도피하는 분위기'라는 제목의 기사를 보도했는데, 일본에서 해외로 투자가 흘러간다는 기사는 최근 늘고 있다.* 이런 신문 기사의 시각은 세간의 분위기를 어느 정도 반영한 것이라 할 수 있다.

---

* 2022년 4월 26일자 〈일본경제신문〉은 '가계의 국외 도피론, 나쁜 엔저가 부추기는 일본 매도'라는 제목으로 '가계 부문의 엔화 매도'에 경종을 울렸다. 그 밖에도 그해 6월 15일자는 '기시다 총리, 자산 소득 배증 계획 엔저 진행 리스크도'와 '저축에서 투자로'가 진행되는 과정에서의 엔저 리스크에 주목하고 있다.

엔화 매도가 급가속할 가능성

국제적으로 비교해도 일본의 금융 자산 구성은 수정될 여지가 있다. [표 28]에 나타냈듯이 주식에 40%가 들어 있는 미국은 극단적인 예라고 하더라도 일본과 마찬가지로 간접 금융이 힘을 가진 유로권에서도 20% 남짓이 주식에 할당되어 있다. 유럽의 반 정도인 일본은 역시 보수적이라고 말할 수밖에 없는데 현금과 예금이 50%를 넘는 모습도 세계적으로 보면 이례적이다.

이미 언급했듯이 2020년 1월부터 약 1년 반 만에 엔화의 가치는 달러 대비 20% 이상 하락했다. 당연하게도 달러를 보유하고 있었다면 단순한 외화 예금의 형태였다고 해도 외환차손만큼은 커버할 수 있었던 셈이다. 받을 수 있는 금리도 엔화보다는 높다.(물론 외화 예금의 외환차손익은 잡소득이므로 소득세도 감안하는 등 약간의 수정은 필요하다) 팬데믹 국면만 말하자면 일본인 대부분이 안전 자산의 대표 격이라 생각한 '엔화 보통·정기예금'은 자산 방어의 관점에서 현명한 선택지였다고 할 수 없다.

---

* 미국의 자금 순환 통계에서는 국내와 해외 증권의 구별이 되지 않기 때문에 외화인지 내화인지의 비교는 여기서 생략했다.

[표 28] 일본, 미국, 유럽 가계 부문의 금융 자산 구성(2021년 3월 말)

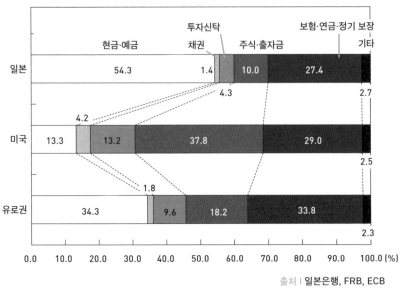

출처 | 일본은행, FRB, ECB

물론 보통 일본인은 해외 자산과 비교해 자국 통화 표시 보유 자산의 가치를 판단하지 않는다. 그러나 실생활에 눈을 돌리면 항간에서 많이 거론되는 '값싼 일본'의 경향이 강해지는 이상 자신의 보유 자산에서 소비하고 투자하는 금액은 점점 증가할 것으로 예상된다. 2장에서 소개한 일본은행의 '전망 보고서'에서도 언급했듯이 수입 침투(국내총공급에서 차지하는 수입의 비율)가 높아졌다는 것은 엔저와 자원 가격 상승이 진행될수록 일본인의 지불액은 늘어나기 쉽다.

실제로 2022년 일본에서는 자원 가격 상승과 엔저가 겹친 결과 일상생활에서 자주 접하는 재화, 예를 들어 식용유나 밀가루를 사용하는 가공식품의 가격 인상이 눈에 띄었고, 포장 자재나 용기, 물류비의 상승으로 주류와 음료의 가격도 많이 올랐다. 대부분이 자원 가격 상승에 기인하는데 엔저도 이런 상황을 악화시키는 시세 현상이었다는 데는 의심의 여지가 없다. 결국 분산 투자하지 않고 들고 있던 엔화 자산은 물가 상승을 통해 조금씩 가계 부문의 주머니에서 빠져나간다는 결말이 기다리고 있다. 일본이 자원 수입국이고 국제 경제에 속해 있는 이상 이런 경로, 이른바 교역 손실의 확대는 피할 방법이 없다. 앞으로 그 정도가 더욱 강해졌을 때 많은 국민이 일제히 '엔화의 보통·정기 예금'이 별로 안전하지 않았다는 사실을 깨달을 가능성은 있다.

이 책 집필 시점에 이런 가계 부문의 자본 도피, 이른바 캐피털 플라이트라고 할 수 있는 움직임이 일어나고 있지는 않다. 그러나 그 징후가 나오기 시작한 것도 사실이며, 적어도 경종을 울릴 시기에 접어든 것으로는 보인다. 지금까지 살펴본 대로 엔화 환율의 구조 변화를 느끼게 하는 객관적인 조건들도 갖춰지기 시작했다.

일본에서는 한번 정해진 방향으로 모두가 달리기 시작하면 그 분위기가 사회를 지배하여 아주 빠르게 진행되는 경향이 있다. 자금 순환 통계에서 가계 부문의 현금과 예금(외화 예금 제외)이 10%만 움직여도 100조 엔 규모의 엔화가 매도된다. 이것은 이 책 집필 시점의 경상수지 흑자로 환산하면 5~6년분에 해당한다.(2017~2021년의 5년 평균이 18조 엔 정도) 은행 창구에서 비싼 수수료를 내고 외화를 사야 했던 과거와는 달리 현대의 해외 투자는 하나도 어렵지 않다. 스마트폰

하나면 원하는 때 원하는 액수만큼 투자할 수 있다. 이것은 앞서 인터넷 증권사 사장이 말한 '소비 감각'이라는 표현과 딱 들어맞는다. 보수적인 사고를 가진 고령자 세대가 오늘날 현역 세대와 교체되기 시작할 때 가계 부문의 투자 의욕은 지금과는 다를 것이다.

일본은 무슨 일이든 하나의 분위기가 형성되어야 움직이는데, 앞으로 '엔화로 보유하는 것 자체가 손해이자 리스크'라는 분위기가 신문, TV, 잡지 등의 매체를 통해 사회에 자리 잡으면 가계 부문의 엔화 매도 주도로 엔화 환율은 한층 떨어질 우려가 있다. 이것은 우크라이나 침공 직후의 러시아에서, 과거 유럽 채무 위기 때 그리스 등에서 급속도로 일어난 일이기도 하다. 진정한 엔저 리스크는 이런 움직임과 관련되어 있다.

미래 이야기를 하자면 가계 부문의 엔화 매도가 가시화될 경우 아마도 '외화 구입 제한, 이른바 자본 규제'가 화제가 될 것이다. 이에 따라 합리적인 가계 부문이 어떻게 움직일지는 상상하기 쉽다. 사람이 가득 찬 영화관에서 누군가 한 명이 '불이야!' 하고 외치면 모두 패닉에 빠진다. 모두가 출구로 몰려가 혼란이 극심해진다. 자본 규제는 국내 가계 부문의 운용 동향에 비슷한 패닉을 일으키는 효과가 있다. 엔화 매도로 몰려들면 외환시장은 혼란에 빠진다. 과거처럼 엔저를 경제 부활의 열쇠로 원한다면 그렇게 해도 문제가 없지만 이 책 집필 시점에서 그런 분위기가 더는 느껴지지 않는다.

자산 소득 배증 계획의 위험성

　　이러한 가계 금융 자산의 운용 동향에 관하여 2022년 5월 일본 정계에서 다소 위험한 정보가 발표되었다. 5월 5일 기시다 총리는 영국을 방문하여 런던 금융가에서 강연했는데, 자신이 내건 경제 정책인 '새로운 자본주의'의 구체적인 방안으로 일본의 개인 금융 자산 약 2,000조 엔을 대상으로 저축에서 투자로 움직임을 유도하는 '자산 소득 배증 계획'에 착수하는 취지를 밝혔다. 이때 선언한 '기시다에게 투자를(Invest in Kishida)'이라는 표현이 대대적으로 보도되었다.

　　기시다 총리는 일본의 개인 금융 자산의 절반 이상을 현금과 예금으로 보유한 결과 '최근 10년 사이 가계 금융 자산이 미국은 3배, 영국은 2.3배로 불어났는데 일본은 1.4배밖에 늘어나지 않았다'며 이 상황을 가리켜 '일본의 큰 잠재력'이라고 표현했다. 일본의 투자 자원의 크기를 어필한 것이다. 기시다 정권뿐 아니라 '저축에서 투자로'라는 슬로건은 일본에서 몇 번이나 반복되어 온 것이다. '반복되었다'는 것은 그때마다 목표한 성과를 이루지 못했다는 뜻이다. 이것은 [표 26]과 [표 28]에서 살펴본 대로다.

　　또 BOX①에서 논했듯이 기시다 총리는 취임 초기부터 금융 소득 과세 도입을 발표해 주식시장의 강한 반발을 받은 적이 있어 투자를 호소한 런던 금융가에서의 강연은 의외였다. 이미지와 달리 금융시장에 호의적인 정책도 염두에 두고 있다고 느낀 시장 참가자도 많았을 것으로 보인다. 금융 소득 과세뿐 아니라 기시다 정권은 자사주 매입 제한, 분기 공시 폐지, 주주 환원이 아닌 임금 인상 요청 등 주식시장과 대치하는 자세가 시장의 반감을 샀다는 인상이 강했다. 이런 방침을 유지한 채로 'Invest in Kishida'를 주장하는 진의는 직감적으로 이해하기 어려웠다.

이 책 집필 시점에서 '자산 소득 배증 계획'에 관한 정보는 아직 막연하지만 2022년 5월 31일 '새로운 자본주의'의 실행 계획을 정부가 발표했으며, 자민당 경세성상전략본부의 제안으로 '1억 총 주주'로서 성장의 과실을 누리게 하겠다는 정부의 의도가 보도되었다.

일본에서 '저축에서 투자로'를 부추기는 무서움

그러나 여기까지 읽은 독자라면 이미 눈치챘겠지만 애초에 운용되지 않는 현금과 예금을 투자 자원으로 간주하여 잠재력이라고 표현하는 것이 지금 일본에게는 위험한 생각이다. 다시 두 가지 관점에서 그 위험성을 확인하겠다. 하나는 앞에서 말한 엔화 환율에 미치는 영향으로 이것은 쉽게 상상할 수 있다. 다른 하나는 일본 국채(엔화 금리)에 미치는 영향인데 이것도 국민 생활에 큰 작용이 우려된다.

먼저 환율은 이미 살펴본 바와 같다. '저축에서 투자로'가 성공한 결과 정부와 여당이 원하지 않을 정도로 엔저가 실현될 가능성은 있다. 기시다 정권의 런던 금융가 강연은 엔저가 진정될 기미가 보이지 않아 그 단점이 우려되는 상황에서 이루어졌다. 그래서 가계 부문의 엔화 매도가 탄력을 받는다는 것이 최대의 리스크 중 하나라는 지적이 있었다. 기시다 총리의 말처럼 개인 금융 자산의 50% 이상이 엔화의 현금과 예금이다. 그 액수는 이미 보았듯이 2022년 3월 말 시점에 1,080조 엔(외화 예금 제외), 비율로 보면 54%이다. 한편 주식·출자금은 약 204조 엔으로 비율로 보면 10.2%에 그친다. '현금과 예금이 절반, 주식 투자는 10%'인 구도는 일본의 가계 금융 자산 구성의 문제점으로 자주 거론되어 온 것이어서 이 숫자를 일본인이라면 한 번쯤 들어보았을 것이다. 이 현금과 예금에 들어 있는 저축을 투자 자원으로 삼아 더 기대수익이 높은 위험 자산으로 돌리려는 정치가의 마음을 모르는 바는 아니다.

그러나 그 방향이 엔화 자산이리라는 보장은 전혀 없다. 이것은 [표 27]의 투자신탁을 통한 주식 매매 상황을 보면 쉽게 알 수 있다. 지금까지 반복했듯이 보수 여론을 염두에 두고 코로나19 대책으로 관철된 '경제보다 목숨' 노선과 원전 재가동을 터부시하는 분위기가 조성된 결과 일본은 팬데믹 이후 2년간(2020-2021) '성장을 포기한 나라'의 위치에 완전히 정착하고 말았다. 이것도 [표 25]에서 본 바와 같다.

이런 일본의 약한 저력이 일본 주식과 엔화의 매도를 부추긴다는 논조는 더 이상 새롭지 않다. 필시 앞으로 도래할 다른 위기 때도 보수적인 정책 운용이 펼쳐질 가능성이 클 것이다. 그때마다 엔저에 대비하려는 가계 부문의 움직임이 늘어나도 이상하지 않다.

기시다 총리의 런던 금융가 강연 직후인 2022년 5월 7일 미국의 테슬라 CEO인 일론 머스크는 트위터에 '당연한 말일지 모르지만 출생률이 사망률을 웃도는 변화가 없는 한 일본은 언젠가 존재하지 않을 것'이라고 일본 소멸을 예언하여 화제가 되었다. 머스크가 지적하는 '연장자가 많으면 사회에 폐쇄감이 생긴다. 왜냐하면 그들 대부분이 사고방식을 바꾸지 않는다는 것이 진실이기 때문이다'라는 구조 문제는 일본 사회가 안고 있는 '어둠' 그 자체다. 일본의 정치와 경제에 대해서도 비슷한 의견을 가진 사람은 많다. 기시다 정권 출범 후 해외 투자가가 일본 주식을 멀리하는 배경에는 이런 시각도 있는지 모른다.(표 16) 세계 경제에는 많은 수익을 기대할 수 있는 투자 기회가 있다. 그런 마당에 스스로 성장을 포기한 나라의 주식을 선택할 이유는 없다.

이런 상황에서 일본의 가계 부문이 '저축에서 투자로' 등을 떠밀린다면 과연 일본 경제의 미래에 기대를 걸고 엔화 자산을 선택할 것인가. 위정자는 자문자답해 볼 필요가 있다. 현금과 예금 이외의 투자 의욕을 북돋우는 것 자체가 결코 나쁘다고는 생각하지 않는다. 그러나 그렇게 시작된 투자가 엔화 자산이 아닌 외화 자산으로 향한다면 그것은 엔저의 기폭제가 될 수 있다. 엔저의 단점을 지적하는 목소리가 커지는 상황에서 정말로 일본 정부와 여당은 이를 문제삼지 않는 것일까. 만일 그런 전개를 리스크라고 생각한다면 '저축에서 투자로'를 추진하더라도 그 투자처로 국내가 선택되기 쉬운 제도 설계가 필요하다.

현금과 예금을 '잠들어 있다'고 표현하는 위험성

환율 외에 '자산 소득 배증 계획'과 관련된 또 하나의 불안 요소는 일본 국채, 구체적으로 엔화 금리에 미치는 영향이다. '저축에서 투자로'가 추진됨에 따라 일본 경제가 직면할 큰 과제 중 하나는 국채의 안정 소화 구조가 무너질 가능성을 어떻게 평가해야 하느냐는 것이다. 일본 역사상 반복되어 온 '저축에서 투자로'라는 슬로건의 이면에는 '과잉 저축으로 투자가 부족한 것이 일본 경제의 장기 침체 원인'이라는 생각이 숨어 있다. 이것은 현금과 예금을 '죽은 돈'이라고 부르거나 이런 보유 형태를 가리켜 '잠들어 있다'고 표현하는 풍조에서 잘 드러난다.

그러나 이런 생각은 인과를 잘못 이해한 것이다. 가계와 기업은 합리적인 경제 주체다. 일본 경제가 침체되어 있기 때문에 자국 통화의 현금과 예금이라는 가장 리스크가 적어 보이는 운용 형태를 선택해왔다는 실정을 이해했으면 한다. 변동 환율제 전환 이후 엔화 환율의 역사는 엔고의 역사이기도 하므로 엔화의 현금과 예금은 외화에 대체로 이겨왔다는 시각도 있다. 그러나 만약 외화나 주식이라도 그것이 유망한 투자 기회로 판단되면 정부가 등을 떠밀지 않아도 가계는 적극적으로 이를 선택할 것이다. 최근 미국 투자 주식 붐이 상징적이다. 기업도 마찬가지로 이미 보았듯이 직접 투자를 통해 해외로 나가는 자세는 2011~2012년부터 강해지고 있다. 과잉 저축하는 일본인의 보수적 기질이라는 면도 있겠지만 그것을 가지고 일본인이 전혀 합리적인 판단을 내리지 못한다고는 말할 수 없다.

현재 일본 경제에서 '저축에서 투자로'를 추진하는 위험성을 이해하기 위해서는 일본 경제의 저축·투자(IS) 균형의 구조를 이해할 필요가 있다. 이 점은 순서에 따라 해설한다.

먼저 일본 경제에 기대되는 성장률의 침체로 인해 가계와 기업은 현금과 예금이라는 운용 형태로 자산을 방어해왔다. 이 현금과 예금은 은행에 저축된다. 그대로 은행에 머물러 아무도 쓰지 않으면 말 그대로 '죽은 돈'이지만 현실은 다르다. 이런 민간 부문(가계와 기업)의 저축은 은행에 쌓이고 그것을 정부가 빌려 소비와 투자에 충당해왔다. 이렇게 함으로써 일본 경제의 자금 순환 구조가 성립된 것이다. 엄밀하게는 그렇게 해도 일본 국내 전체에서 과잉 저축이 되기 때문에 그만큼 해외 부문을 저축 부족(≒경상수지 흑자)으로 만들어서 일본 경제 전체의 저축과 투자가 균형을 이루어왔다.

이런 민간 부문의 과잉 저축은 일본 경제 침체의 상징으로 정착해왔다.(표 29) 또 정도의 차이는 있지만 리먼 사태나 유럽 채무 위기 후

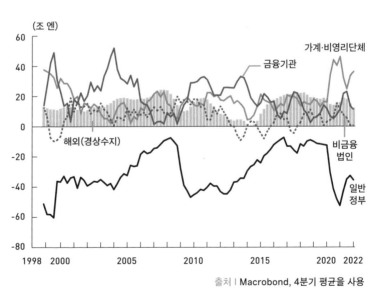

[표 29] 일본의 저축·투자(IS) 밸런스

출처 | Macrobond, 4분기 평균을 사용

의 유로권에서도 비슷한 일이 일어나고 있는데, 그 때문에 '유럽의 일본화'라는 표현이 금융시장에서 자주 쓰였다.

일본인이 저축하지 않으면 누가 일본 국채를 사는가?

흔히 볼 수 있는 민간 은행의 역할은 대출인데 국채만 운용하고 있다는 비판은 이런 자금 순환 통계의 실정을 제대로 이해하지 못한 데서 기인한다. 은행 부문의 본질적 역할은 대출이 아니라 경제에서 자금 과부족이 균형을 이루게 하는 일이다. 쉽게 말하면 '자금이 남는 주체에서 자금이 부족한 주체로 융통하는 것'이다.

버블 경제 붕괴 이후 일본의 은행 부문에서 대출이 활기를 띠지 못하고 국채 투자가 증가한 것은 투자 기회를 잃고 '자금이 남는 주체'가 된 가계나 기업으로부터 이를 메우기 위해 재정 지출을 해야 하는 '자금이 부족한 주체'가 된 정부에 은행 부문을 매개로 자금이 융통되었다는 구도로 이해해야 한다. 나라 전체의 경기 침체에 맞춰 은행 부문의 역할인 '자금 과부족 조정'이 기능한 것으로 풀이된다.

정리하면 지금까지 일본에서 '저축에서 투자로'가 진행되지 못했던 이유는 그럴 수밖에 없는 경제 상황이 있었기 때문이라는 사실이 출발점이 된다. 자금 순환 통계는 은행 부문을 요체로 하는 일국 경제의 저력을 반영한 자금 동향의 결과로, 그 결과를 힘으로 바꾸려는 것이 '자산 소득 배증 계획' 등으로 대표되는 투자 행위를 촉진하는 국가 정책이라는 평가가 된다.

국채 소화의 논점으로 이야기를 되돌리면 가령 국가 정책이 성공하여 '저축에서 투자로'가 활기를 띠게 되면 정부는 큰 문제에 직면한다. 어떻게 국채를 소화할 것인가 하는 문제다. '잠자고 있다'고 표현되는 현금과 예금은 은행 부문에 쌓인 뒤 민간 은행 혹은 일본은행의 국채 매입에 충당되고 있다. 이런 현금과 예금이 잠에서 깨어나 주식 등의 위험 자산으로 이동했을 때 국채를 대신 살 경제 주체를 찾아야 할 필요가 있다. 해외 부문이 구입해줄 것인가. 일본 국내의 민간 은행이나 일본은행은 저리에도 국채를 사지만 해외 투자가는 그렇지 않다. 당연히 지금보다 높은 금리를 요구한다.

좋고 나쁨을 떠나 민간 은행, 정부, 일본은행이 삼위일체를 이루고 있는 일본 국채의 소화 구조는 철벽이어서 이를 인위적으로 뒤흔드는 정책에는 상응하는 각오가 필요하다. 가령 '자산 소득 배증 계획'이라는 국책으로 이 소화 구조가 무너져 국채 가격 하락(엔화 금리 상승)이라는 부작용에 직면했을 경우 어떻게 받아들일 것인가. 가령 국채 이율의 상승은 주택 담보 대출 금리의 상승과 직결되는데 그것은 정치적으로 어려운 문제가 아닐까.

'저축에서 투자로'의 슬로건은 언뜻 긍정적인 이야기로 보이지만 환율도 금리도 가계 부문이 안고 있는 막대한 금융 자산이 저축(보수적 운용)에 머물러 있기에 일본 경제의 질서가 유지되는 부분도 있다는 사실을 잊어서는 안 된다. 오랫동안 엔고와 저금리가 당연시되어 온 일본에서 이것이 역회전하는 무서움은 실감하기 어렵겠지만 '저축에서 투자로'를 추진하기 전에 리스크 관리를 신중하게 해야 한다.

불타오른 구로다 총재 발언의 의미

이 책은 금융 정책의 시비를 가리려는 것이 아니다. 왜인지 일본에서는 금융 정책의 방향성에 일가견을 갖고 싶어 하는 사람이 전문가 이외에도 많아서 자세히 논의하려고 하면 찬반이 뒤섞인 격론으로 이어지기 쉽다. 그런 시끄러운 논쟁과는 거리를 두고 싶다.

그러나 객관적으로 봐도 2022년 6월에는 2013년 4월 이후 아베노믹스라의 이름 아래 계속되어 온 리플레이션 정책이 큰 변곡점을 맞이하고 있다고 생각되는 소동이 있었다. 이것이 의미하는 바에 관해 질문을 많이 받았기 때문에 나 나름의 기본 인식을 제시한다.

구로다 총재는 2022년 6월 6일 도쿄도 강연에서 상품과 서비스의 가격 인상이 이어지고 있음을 언급한 뒤 '일본 가계의 가격 인상 허용도도 높아지고 있다'며 이것을 지속적인 물가 상승을 실현하는 데에 중요한 변화라고 표현했다. 이 일련의 발언에 같은 날 〈산케이신문〉이 '일본은행 총재, 가계가 가격 인상을 받아들인다'고 보도해 언론을 통해 큰 비판을 받는 소동이 있었다. 와이드쇼에서 일본은행이 거론되는 것은 이례적인 일로 과거에는 1998년의 일본은행 영업국 비리 사건, 2006년의 후쿠이 전 일본은행 총재의 무라카미 펀드 출자 문제 등 불상사 관련된 사례가 있었다.

그러나 이 발언은 불상사는커녕 사무처에서 준비한 원고 그대로였다. 이런 의미에서 구로다 총재의 실언이라는 표현은 정확하지 않고 순수하게 정치적 배려가 부족한 묘사였다고 할 수 있다. 여론은 구로다 총재에게 인신 공격도 서슴지 않는 이상한 분위기로 발전했다. 이렇게까지 증오가 커져 가리라고는 생각지 못했다.

사무처가 준비했다는 사실에서도 알 수 있듯이 이 구로다 총재의 발언은 종전의 정책 자세와 모순되지 않았다. 2013년 이후 아베노믹스의 이름 아래 리플레이션 정책이 지향한 것은 확장적인 재정·금융 정책을 통해 일본의 민간 부문, 특히 가계에 점착한 디플레이션 마인드를 씻어내고 인플레이션 기대감을 끌어올리려는 미래였다. 그것은 물가 상승, 간단히 말하면 가격 인상이 정상적으로 일어나는 사회를 지향하는 것이기도 했다. 물가 상승을 기점으로 임금 인상도 촉진되고 경기도 회복된다. 물가 상승이 '원인'이고 경기 회복이 '결과'라는 리플레이션 사상은 명백히 비정상으로 보여 많은 사람이 의문을 제기했다. 그러나 민의를 받든 정치가 그 정책 사상을 열광적으로 지지해 적극적으로 추진한 것이 위 논란으로부터 9년 전(2013년)이었다.

2022년은 세계적으로 인플레이션 우려가 한창 높아진 시기여서 세계의 중앙은행은 긴축 노선으로 전환했다. 그런데도 일본은행은 금융 완화 노선을 계속 걸으며 엔저를 고려하지 않고 지정가격 오퍼레이션(국채의 무제한 구입)으로 장기 금리를 계속 억눌렀다. 이런 구로다 체제의 정책 운용은 옳고 그름을 떠나 2013년부터 시종일관 같고, 앞서 말한 총재의 발언도 그 연장선상에서 이해하면 전혀 이상할 것이 없었다.

아마도 '일본 가계의 가격 인상 허용도도 높아지고 있다'는 발언은 인플레이션 기대감이 향상되고 있다는 취지를 담고 있었던 것으로 보이지만 '가격 인상 수용'이라는 헤드라인으로 변환되어 여론의 큰 반발을 불러왔고 신문, TV, 잡지를 비롯한 많은 언론이 이 발언을 비판적으로 다루었다. 솔직히 말꼬리를 잡은 것으로 건설적이지 않았다.

그러나 이 논란은 '얼마나 일본이란 나라에서 물가 상승이 받아들여지지 않는 일인지' 단면을 보여주었다. 2013년 도입 당초 민주당 정권에서 제도 변화가 이루어져 열광적으로 받아들여졌던 리플레이션 정책이었지만, 그것이 절반쯤 실현된 무렵에는 여론의 공격이 기다리고 있었다는 것은 아이러니한 한 장면이었다. 2022년의 논란을 계기로 2013년 이후부터 이어진 리플레이션 정책이 실질적으로 막을 내린 것처럼 느껴졌다.

'받아들인' 것이 아니라 '포기했다'

일련의 발언에 관해 구로다 총재는 6월 7일의 참의원 재정금융위원회에서 '가계가 자주적으로 가격 인상을 받아들이고 있다는 취지가 아니다. 오해를 부른 표현을 사용해 송구하다'며 사실상 발언을 철회했다. 분명 발언의 취지는 종전과 같았지만 표현이 거북한 점은 있었다.

[표 30] 일본의 소비자물가지수(%, 전년 대비, 종합)

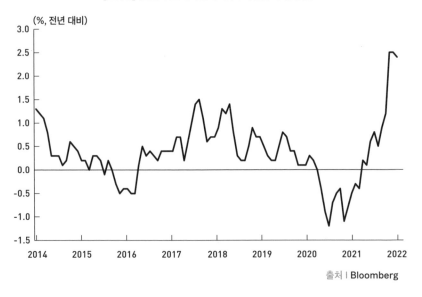

출처 | Bloomberg

문제가 된 발언은 와타나베 쓰토무 도쿄대학 교수가 2022년 4월에 실시한 '단골 가게에서 늘 사던 물건 가격이 10% 이상 올랐다면 어떻게 할 것인가'라는 설문조사에서 '가격 인상을 받아들이고 그 가게에서 그대로 산다'는 답변이 절반을 넘었다는 사실에 근거했다고 한다. 그러나 이것은 '받아들인' 것이 아니라 '포기한' 것이라고 보는 편이 실태에 가깝다. 당시 소비자물가지수(CPI)가 보여주듯 단골 가게, 늘 사던 물건이라고 한정하지 않아도 사회 전체에서 일반 물가가 상승하고 있었다.(표 30, 그래프는 2022년 5월 시점까지) 이런 상황에서도 가계는 살기 위해 소비와 투자를 해야 한다. 오히려 가격 인상을 받아들이지 않고 소비와 투자를 하지 않는 선택지는 막혀 있는 실정이라고 할 수 었다. 실정을 고려하지 않은 발언이었을지도 모른다.

예를 들어 발언 시에 위의 설문조사 이외에도 일본은행 자체적으로 분기에 한 번 발표하는 '생활 의식에 관한 설문조사'를 참고했어도 좋았을 것이다. 발언 시점에서는 2022년 4월 조사분이 이미 발표되어 있었고, 1년 전과 비교한 현재의 생활 수준에 '여유가 생겼다'는 응답이 감소하고 '여유가 없어졌다'는 응답이 증가하는 등 살림살이 DI(경기동향지수)가 확연히 악화하고 있었다. 또 발언 이후에 나온 6월 조사를 봐도 '여유가 없어졌다'고 응답한 비율은 더욱 증가했다.(표 31) 심지어 이 '여유가 없어졌다'고 응답한 층을 대상으로 이유를 물었더니 '물가가 올랐기 때문에'가 78.9%로 대부분을 차지했고, 2위인 '급여나 사업 등의 수입이 줄었기 때문에'의 49.7%를 훌쩍 뛰어넘

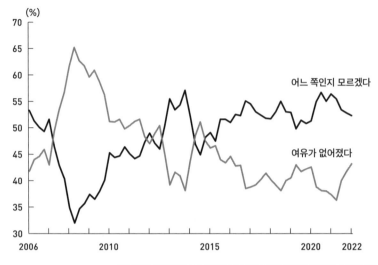

[표 31] 살림살이는?

출처 | 일본은행 '생활 의식에 관한 설문조사'(최근은 '2022년 6월 조사')

었다. 또 1년 전과 비교하여 물가가 '올랐다'고 응답한 사람의 82.9%
가 굳이 말하자면 곤란한 일이라고 대답했다.

이것을 종합하면 대다수 일본 국민은 물가 상승을 실감하면서 이
로 인해 빈곤함을 느끼게 되었고, 그 상황을 바람직하다고 생각하지
않는다는 것이 된다. 구로다 총재의 진의는 다른 데에 있었다고 하더
라도 이러한 여론에 '국민은 가격 인상을 받아들이고 있다'는 헤드
라인으로 편집되면 논란은 필연적인 귀결이다. 평소 일본은행 총재
의 강연 원고에는 빈틈이 없음을 생각하면 약간의 허술함은 있었다.

대체로 가계나 기업과 같은 민간 부문의 실질적 소득 환경이 얼
마나 악화했는지의 문제의식이 낮았다는 분석도 가능하다. 이 점은

BOX②에서 다룬 실질 GDI의 논의를 떠올리면 잘 알 수 있다. 해외로의 소득 유출(교역 손실)이 커지면서 실질 GDP와 비교해 실질 GDI가 정체되고 있는 것은 당연히 물가 상승에 따른 실질 소득 환경의 악화를 보여준다. 2022년 들어서 많이 거론되는 나쁜 엔저론도 결국 가계 부문의 비용 부담을 단적으로 설명한 논의로, '엔저의 좋고 나쁨'이라기보다는 '실질 소득의 좋고 나쁨'이 본질적인 문제의 소재지라고 할 수 있다. 그런 의미에서 엔저는 수입 물가 상승을 통해 교역 손실을 확대하는 방향으로 작용하기 때문에 '나쁘다'는 낙인이 찍히기 쉽다.

물론 엔저로 인해 대기업과 수출 제조업을 중심으로 기업 이윤이 늘어나므로 좋은 면도 많다. 그러나 경제 주체의 숫자로 말하면 분명 좋음보다 나쁨이 많으므로 '엔저'나 '가격 인상'에 비관적인 분위기가 일본 사회에 감돌게 된다. 구로다 총재의 일련의 발언은 이 '분위기'를 잘못 파악했다고도 할 수 있다.

이 소동을 통해 '일본 사회의 물가 상승에 대한 혐오감'과 '일본은행의 금융 정책'이라는 두 가지 논점이 확실히 가까워졌다. 이것은 대대적인 선전으로 리플레이션 정책이 지지받은 사회에서 변모하고 있음은 어느 정도 틀림없다. 물론 그렇다고 해서 금융 정책을 긴축하라는 이야기는 아니다. 하지만 '엔저는 만병통치약'처럼 말하는 사회적 통념이 크게 바뀌었다면 일본의 금융 정책 논의는 조금이나마 진전된 것처럼 보였다.

목표 미달이어서 더욱 지지받은 리플레이션 정책

논란을 일으킨 발언이 있고 일주일 뒤인 2022년 6월 13일 구로다 총재는 참의원 결산위원회에서 급격한 엔저 진행은 경제에 바람직하지 않다고 말했다. '수준은 그렇다 치고 급격한 변동은 문제'라는 지적은 일반론일 뿐 새로운 주장이 아니다.

그러나 '급격한 엔저 진행은 경제에 바람직하지 않다'는 외환시장 관련의 일반론은 똑같이 엔저 상황이었던 2013년 아베노믹스의 이름 아래에서 구로다 총재가 화려하게 데뷔했을 무렵에는 일본은행이 이 문제를 지적하지 않았다. 왜일까. 당시는 CPI로 대표되는 일반 물가가 크게 오르지 않아서 엔저의 나쁜 면(교역 손실의 확대)을 실감하는 국민이 적었기 때문이다. 실제로 통계를 보면 교역 손실은 당시에도 확대되었다. 하지만 2022년만큼 두드러진 자원 가격 상승도, 재화와 서비스의 공급 제약도 없었으므로 가격 인상의 여파는 2022년보다 완만했다. 세계 경제가 회복하는 가운데 기업 실적도 호조를 보이고 주식도 올랐다. 금융 완화로 저금리인 가운데 엔저·주가 상승이지만 물가는 오르지 않는 상황이 이어지면 일반 시민이 반대할 이유가 없다.

결국 리플레이션 정책으로 목표했던 물가 상승 목표가 9년간 미달했기 때문에 리플레이션 정책 지지율이 안정적이었다는 아이러니한 사정이 드러난다. 그러나 2022년(정확히는 2021년 가을) 이후에 직면한 '자원 가격 상승과 엔저의 동시 진행'에는 자원의 순수입국인 일본으로서 허용할 수 없다는 당연한 사실을 국민이 실감하게 되었다. 자원 가격 상승으로 리플레이션 정책의 오류를 알아차렸다고도 할 수 있다. 그 실감에 쐐기를 박은 것이 위의 구로다 총재의 발언이었다.

고통 지수를 느끼지 못한 일본

구로다 총재의 발언을 둘러싼 일련의 논란은 일본이 물가 상승에 매우 심한 알레르기를 가진 나라라는 사실을 나타낸다. 실제로 일본만큼 물가 상승이 습관화되지 않은 나라는 드물다.

실물 경제를 말할 때 고통 지수(Misery Index)라는 지표가 있다. 인플레이션율(여기서는 CPI 상승률을 쓴다)과 실업률을 더한 수치로 이 숫자가 높을수록 국민이 곤궁한 정도가 높고 경제적 고통이 크다고 판단한다. 1970년대 초반 이후 반세기에 걸쳐 일본의 고통 지수 추이를 보면 1980년대 후반 이후 거의 흔들림이 없다는 사실을 알 수 있다.(표 32) 일본형 고용을 배경으로 실업률이 낮게 안정되어 있는 것은 물론 1990년대 후반부터는 CPI가 오르지 않아 고통 지수는 극단적으로 억제된 경향이 이어졌다. 이렇게까지 움직이지 않는 것을 의식하는 일은 아마 없을 것이다. 그런3 점에서 일본은 고통 지수의 존재마저 느낄 필요가 없는 안정을 누려왔다고 할 수 있다.

[표 32] 일본과 미국의 고통 지수

출처 I **Macrobond,** ※CPI(종합)와 실업률의 합계

　물론 일본의 경우 CPI와 동시에 임금도 오르지 않아 '잃어버린' 시대라고 표현되었으므로 고통 지수에 포함되지 않는 고충은 있었다. 그러나 [표 32]를 보면 같은 시기 미국의 고통 지수를 보면 변동이 크다는 것도 알 수 있다. 이는 이로써 가난한 사람이 상당수 생겨나는 경제다. 어느 쪽이 좋다고도 할 수 없지만 2022년 이후에 보았듯이 물가 급등 시의 '마음의 준비'라는 점에서 일본은 미국에 비해 내성이 없어 보인다는 생각이 든다. 구로다 총재의 가격 인상 수용 발언이 화제가 된 것도 일본의 물가 상승에 대한 익숙함이 극도로 낮다는 것을 보여주는 좋은 사례였다.

　2013년 이후 약 9년간 일본은행은 리플레이션 정책의 요점으로 '적응적 기대 가설(Adaptive Expectation)'을 통해 일본의 물가 상승을 실현한다는 점을 강조해왔다. '적응적 기대 가설'이란 말 그대로 '가격 인상을 수용하겠다는' 뜻을 표현하는 말이다. '기대에 부응한다'는 구호 아래 일본은행이 9년간 설명해온 논점이었지만 위의 구로다 총재의 소동을 감안하면 결국 일반 국민에게 그 진의는 전해지지 않았을 것이다.

애매했던 디플레이션의 정의

나는 늘 일본에서 '디플레이션은 나쁘다'라는 말을 들으면서 '디플레이션의 정의'가 모호했다고 느낀다. CPI의 상승은 고통 지수를 끌어올리지만 일본에서는 'CPI가 오르지 않는 상황'을 디플레이션으로 정리하고 이를 불식시키려고 한 것이 아베노믹스였다. 그러나 잘 생각해보면 디플레이션의 정의는 경제 주체에 따라 바뀐다. 확실히 정부와 일본은행이 대치하는 현상으로 디플레이션은 '오르지 않는 물가'이며, 그 상징으로 CPI의 동향은 알기 쉬웠다.

그러나 일본 기업에게 디플레이션이란 오르지 않는 물가라기보다 오랫동안 '만성적인 엔고'였고, 가계에 있어서는 필시 '오르지 않는 실질 임금' 쪽이 관심사였다. 해외에서는 오르지 않는 일본 주식이지 않았을까. 경제 주체마다 안고 있는 문제의식이 다른 이상 경기침체의 전부를 'CPI가 오르지 않는 상황'에 책임을 물으려고 하는 사상은 역시 지나치다. 왠지 경제와 금융 정세가 나빠 보이는 것을 디플레이션이라고 총칭해 대규모 금융 완화에 착수했고, 실제로 엔저와 주가가 올랐으니 가계 부문도 반대할 여지는 없었다. 하지만 'CPI가 오른다(고통 지수도 오른다)'는 것의 의미를 이해하고 그것을 진심으로 지지한 국민은 적었다고 생각한다. CPI가 올라도 명목 임금이 오르지 않으면 정작 중요한 실질 임금은 오르지 않는다.

이미 설명했듯이 구로다 총재의 발언을 둘러싼 소동은 '물가가 원인이고 경기가 결과'라는 어긋난 리플레이션 사상의 종착점 같다. 그러나 한편으로 이 상황을 보고 '리플레이션 사상이 틀렸다'는 지적도 있지만 '일본인에게 맞지 않았다'는 지적도 있을 수 있다. 리플레이션 사상에 찬성하는 입장은 아니지만 물가 상승을 먼저 일으켜 '적응적 기대 가설'을 꾀한다는 점에서는 일본의 디플레이션 마인드의 점착성을 생각하면 정당화되는 부분이 많았다고 생각한다. 그러나 가격 인상 때마다 기업이 이를 공표하고 소비자에게 사과하는 사회에서 '적응적 기대 가설'을 추진하기란 역시 어려웠을 것이다. 이것이 지난 9년간 알게 된 객관적 사실이다.

아베노믹스를 보고 느끼는 점
비보를 넘어서

리플레이션 정책에 관한 담론

2022년 7월 8일 아베 신조 전 총리가 참의원 의원 선거 유세 도중 총에 맞아 피살되는 일본 역사에 남을 흉악 범죄가 일어났다. 2012년 12월에 출범한 제2차 아베 정권과 금융시장의 거리감은 역대 정권과 비교해도 특별한 면이 있었고, BOX③에서 논한 일본은행의 금융 정책도 기본적으로는 제2차 아베 정권의 정책 사상을 반영했다.

헌정 사상 최장의 정권이라는 기록을 세운 제2차 아베 정권은 여러 분야에서 발자취를 남겼는데, 특히 금융시장과 연이 깊지 않은 일반 국민이라도 총리가 표방하는 경제 정책 '아베노믹스'는 다들 알 정도였다. 이후 '스가노믹스', '기시다노믹스' 등 유사한 표현이 쓰였지만 정착되지 못했다는 점에서 아베노믹스가 지닌 존재감의 특별함을 느낄 수 있다. 또 일본은행의 구로다 체제가 아베노믹스의 산물이라는 점은 주시의 사실이며, 이 책 집필 시점 이후에 중도 사임이 없다면 구로다 총재는 사상 처음으로 2기(10년) 만료를 달성하는 일본은행 총재가 된다.

물가 상승을 최상으로 여기는 리플레이션 사상에 찬반은 있지만 이미 말했듯이 2022년 시점에서는 실질적으로 끝난 인상이 짙다. 그러나 제2기 아베 정권이 내정과 외교에 그치지 않고 경제와 금융 분야에서 큰 족적을 남긴 것도 분명하다. 아베노믹스 자체가 엔저 현상으로 상징되는 경제 정책이기도 했으므로 아주 간단하나마 살펴본다.

먼저 결론을 내자면 아베 전 총리의 부고와 리플레이션 정책의 청산을 혼동해서는 안 된다. 반복해서 말하지만 시장 참가자뿐 아니라 아마도 일반 국민도 그렇게 느꼈듯이 2022년 초봄 이후 일본의 여론은 엔저·고물가에 불만을 품고 있었다. 2022년 7월 8일의 부고 이전부터 '리플레이션 정책은 실질적으로 이미 끝났다'는 것이 맞는 순서다. 이것은 BOX③에서 살펴본 대로다.

물가 상승을 '원인', 경기 회복을 '결과'로 삼는 리플레이션 정책은 실제로 물가 상승이 실현되지 않은 상황이었기에 지지를 받았다. 2022년 들어 물가 상승이 가시화되기 시작한 일본에서는 그 움직임을 '국민의 가격 인상 용인'이라고 표현한 일본은행 총재의 발언이 큰 논란이 되었고, 또 물가 상승이 정부를 향한 불만으로 떠올랐다. 비보 이전부터 리플레이션 정책은 유명무실해지고 있었고 그 총괄도 대강

끝난 것으로 보인다.

또 사건을 계기로 기시다 정권이 아베노믹스와 결별을 선언하기 어려워졌다는 관측도 곳곳에서 나왔다. 그 마음은 모르는 바 아니지만 정치는 물가 상승과 함께 쌓여가는 국민의 불만을 방치할 수 없다. 엔저와 원자재 가격 상승이 국민 생활에 직격탄을 날리는 가운데 기시다 정권이 아니어도 시대의 정치는 무슨 수를 써야만 한다. 적어도 구로다 총재의 뒤를 이을 차기 일본은행 총재가 리플레이션 정책과 거리를 두는 인물이 되는 것에 금융시장의 생각은 거의 일치한다.

어쨌든 일본의 경제 정책의 미래가 원래 '리플레이션 사상의 다음'을 전망하는 흐름에 있었던 것은 분명하고, 2022년 7월의 비보와 리플레이션 사상의 행방에 관해 인과관계를 지어 논의해서는 안 된다.

아베노믹스의 실적

물론 그렇다고 해서 아베노믹스의 리플레이션 정책이 전혀 의미가 없었던 것은 아니다. 민주당 정권 아래에서 추진된 초엔고·주가 약세의 지형은 아베노믹스의 구호로 완전히 달라졌다. 그렇지 않아도 2012~2013년의 시대는 유럽 채무 위기가 종식되고 FRB가 정상화 과정에 돌입한 시기와 겹쳤고, 무엇보다 [표 7]에서도 보여주었듯이 일본이 때마침 무역수지 흑자를 벌어들이지 못한 시기와도 일치했다. 이런 환경을 감안하면 필시 극심한 엔고는 자연스럽게 수정되었을 가능성이 높다.

그러나 민주당에서 자민당으로의 정권 교체를 계기로 아베 총리 아래에서 리플레이션 정책을 대대적으로 과시한 것이 폭발적인 엔저·주가 상승으로 이어진 면은 부인할 수 없다. 이로 인해 내리막길을 걷던 일본 경제가 해외에서 관심을 받을 수 있었던 것은 사실이다. 나의 일에서도 2013~2015년은 해외 대상의 설명회가 많았고 실제로 많은 나라를 방문했다. 그만큼 일본의 금융시장에 변화의 태동을 느끼는 방향이 세계적으로 많았던 것이다.

그러나 이후 그런 경험은 없다. 비보를 전해 듣고 전 세계의 수뇌로부터 메시지가 날아들었다고 보도되었다. 그 배경에는 아베노믹스를 생생하게 기억하고 긍정적으로 평가하는 나라가 많았다는 사실도 있을 것이다. 적어도 2012~2015년 일본 경제는 금융시장에서 주목받는 나라 중 하나였던 것은 틀림없고, 그동안 상대적인 지위 저하는 막혀 있었다는 인상이 있다.

그래도 아베노믹스의 '3개의 화살(금융 정책, 재정 정책, 구조 개혁)'에서 본질적으로 가장 중요하게 여겨졌던 노동시장 개혁까지는 이르지 못했고, 또 그로 인해 명목 임금 인상이라는 숙원 과제도 달성하지 못했다. 2016년 이후 금융 완화로 상징되는 아베노믹스는 속도를 잃었다. 그해 9월 장기 금리의 고정을 시도한 YCC(Yield Curve

Control) 통화 정책 도입을 계기로 일본은행은 무대에서 자취를 감추었다. 대출(≒자금 공급)이 늘어나지 않는 일본에서 '본원통화를 늘리면 물가가 오른다'는 화폐수량설에 기초한 사고방식은 이론적으로도 실현이 어렵다고 여겨져 왔지만 실제로도 그러했다. 결과론이지만 CPI가 플러스권에서 정착하기 시작한 2015년 시점에서 아베노믹스를 총괄했다면 이후의 평가는 더욱 긍정적이었을 가능성이 있다.

인바운드 수요의 발굴

한편 다양한 논의가 난무하는 금융 정책 분야와 달리 인바운드 촉진에 따른 실적은 무방비로 평가받는 논점이라 할 수 있다. 제2차 아베 정권 아래에서 일본의 여행수지 흑자가 급팽창한 사실은 3장에서 언급한 대로다.

돌이켜보면 2012년 12월의 제2차 아베 정권 출범 후 일주일도 지나지 않아 비자 발급 요건 완화 조치가 검토되어 중국과 아세안(ASEAN) 국가 관광객의 비자 발급 요건이 점차 완화되었다. 이로 인해 아시아에서 생겨나기 시작한 중산층 계급의 소비와 투자처로 일본이 떠오르며 잠재적 수요가 발굴되었다. 전 세계가 국경을 열고 있는 2022년에 들어서도 코로나19 방역 대책이라며 외국인의 문전박대가 계속되고 있는 일본의 현실에 비춰보면 격세지감을 느낀다.

아베노믹스 아래에서 엔저는 수출 물량을 늘리지 않았고, 무역수지 흑자도 벌어들이지 못해 국내의 임금 정세에도 큰 영향을 미치지 못했지만 인바운드 수요를 발굴하는 데 일조했다는 점은 틀림없다. 이 속도감에는 긍정적인 평가를 내려야 마땅하다. 3장에서도 살펴봤듯이 '값싼 일본'을 선전하게 된 지금 이제 엔저를 무기로 활용하는 길로써 인바운드 촉진을 통한 여행수지 흑자 축적을 가볍게 봐서는 안 된다. 아직 경상수지 흑자가 윤택했던, 그러나 무역수지 흑자는 소멸하고 있었던 시대에서 재빨리 여행수지 흑자화에 앞장섰다는 의미에서 아베노믹스의 공적은 크다.

최근 들어 지반 침하를 지적받는 일본 경제지만 찬반은 갈릴지라도 방식에 따라서 세계에 존재감을 어필할 수 있음을 아베노믹스가 제시해주었다고 할 수 있다. 아직 활약이 기대되었을 것을 생각하면 일본의 정치경제 분야에서 큰 존재를 잃었다고 할 수 있다. 비보를 받은 기시다 총리는 '아베 전 총리의 뜻을 받들고 계승하면서 일본의 발전에 계속해서 책임을 다하겠다'고 밝혔다.

제 5 장

일본은행의 재무 건전성은 엔저와 관계가 있는가?

엔저와 일본은행의
재무 건전성의
관계성

2021년 이후 나는 엔저 경향에 '바이 재팬(Buy Japan)의 분위기다'고 종종 주장해왔는데 이때 '인플레이션에 따른 국채의 폭락' 나아가 '일본은행의 재무 건전성' 우려가 엔화 매도의 배경이냐는 질문을 많이 받았다. 결론부터 말하면 나는 그렇게까지 거창한 이야기를 한 것이 아니다. 세계가 팬데믹을 극복하는 한편 일본이 끝도 없이 과잉 방역 대책에 집착한 결과가 '다른 나라 대비 독보적으로 낮은 성장률', '완화를 멈추지 못하는 일본은행', 나아가 '엔화 환율 하락'으로 나타나고 있다는 사실을 지적했을 뿐 일본에서 초인플레이션이나 국채시장의 붕괴 등과 같은 거창한 이야기는 지나친 비약이다.

애초에 '중앙은행의 재무 건전성'과 '통화 신뢰도'를 직접적으로 연결시키는 논의는 단순하지 않다.

리먼 사태 이후 각국 중앙은행에서는 유사시 대응이 일상화되었다. 그 때문에 중앙은행의 재무상태표(이하 중앙은행 B/S)는 규모와 구성 양면에서 위험한 운영을 할 수밖에 없었다. 일본은행의 ETF 매입은 세계적으로도 특수하지만 유럽중앙은행(ECB)의 남유럽 국채 매입도 유럽 채무 위기(특히 2011-2012) 때 상당히 문제가 되었다. 그러나 그때마다 중앙은행의 재무 건전성을 제재로 통화가 매매되었는가 하면 그렇지 않다. 일본, 미국, 유럽의 중앙은행 B/S의 명목 GDP 대비를 비교해보면 2007~2012년은 한 그룹처럼 이루고 있었다. 굳이 말하자면 일본은행의 수준이 가장 컸는데 당시 외환시장에서 전면 엔고(달러 대비 70엔대)가 진행되고 있었음은 모두가 아는 대로다. 중앙은행의 재무 건전성이 통화 신뢰도에 결정적인 논점이라면 이렇게는 되지 않는다.(표 33)

확실히 구로다 체제에서의 양적, 질적 금융 완화로 일본은행의 추이는 두드러졌고 그 시기(2013-2015)에 강한 엔저도 진행되었다. 그러나 이 시기에 중앙은행의 재무 건전성이나 통화 신뢰도가 제재가

[표 33] 일본, 미국, 유럽 중앙은행의 총자산 비교

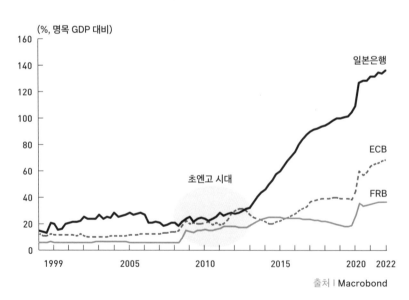

출처 | Macrobond

된 것은 아니었다. 기본적으로 '대규모 완화의 일본은행 vs. 정상화 과정에 힘쓰는 FRB'라는 금융 정책 격차가 더 거론되었던 것으로 기억한다. 오히려 전례 없는 정책 운용에 힘쓰는 구로다 체제, 또는 그로 상징되는 아베노믹스에 예찬의 목소리가 컸을 것이다. 필연적으로 중앙은행의 재무 건전성에 비판적 시각으로 엔저를 설명하는 것도 주류가 아니었다. 중앙은행의 재무 건전성이 통화 신뢰도에 직결될 정도의 재료라면 당시부터 우려의 목소리가 없었다면 이상하다. 그 정도로 일본은행 B/S 팽창 속도는 두드러졌다.

스위스와 독일의 사례

중앙은행의 재무 건전성과 통화 신뢰도가 꼭 연동되지 않음을 시사하는 사례는 해외에도 많다.

예를 들면 자국 통화 강세 억제를 목적으로 무한정 자국 통화 매도(스위스프랑 매도), 외화 매입의 외환 개입을 계속해 대량의 외화 자산(대외 준비)을 재무상태표의 자산 쪽에 올린 스위스국립은행(SNB)을 떠올려보자. 2009년 이후 시작된 유럽 채무 위기를 배경으로 당시 엔화와 스위스프랑은 안전 자산으로 강세를 보였다. 스위스프랑은 지리적으로 유로권의 도피 자금이 잘 유입된다는 사정도 있었다. 대응에 고심하던 SNB는 2011년 9월 스위스프랑의 유로 대비 환율에 상한(1유로=1.20스위스프랑)을 설정하여 무한정의 스위스프랑 매도, 외화 매수의 환율 개입으로 이 수준을 방어하는 방침을 정했다. 2014년 12월에는 유로권 금리와의 격차 확대를 꾀하며 마이너스 금리도 도입했다.(참고로 ECB는 같은 해 6월에 마이너스 금리를 도입한 상태였다)

하지만 그런데도 스위스프랑의 강세 흐름을 거스르지 못하고 2015년 1월 SNB는 무제한 개입을 통한 스위스프랑의 유로 대비 환율 상한 방어를 포기하기로 전격 결정했고 스위스프랑은 급등했다. 급격한 변동은 유럽계 금융기관의 시스테믹 리스크에 이를 가능성까지 거론될 정도로 격렬했다.

당연히 그때까지 떠안은 대량의 외화(≒유로) 자산은 스위스프랑의 강세로 인해 거액의 외환차손을 계상하게 된다. 구체적으로는 자산 쪽에 계상되어 있던 외환 보유액이 스위스프랑 표시로 줄어들기 때문에 회계상 채무 초과 상태에 빠진다. 이런 현실을 대략적으로 총괄하면 '통화 신뢰도가 너무 강해 채무 초과가 발생하여 중앙은행의 재무 건전성이 흔들렸다'는 이야기가 된다. 또 유로 도입 이전의 독일 연방은행(분데스방크)도 독일 마르크화의 강세로 외환 보유액이 감소해 채무 초과에 빠진 과거가 있다.

이들 사례는 통화 신뢰도가 지나치게 강해 채무 초과에 빠진 사례로 '중앙은행의 재무 건전성→통화 신뢰도'가 아니라 '통화 신뢰도→ 중앙은행의 재무 건전성'이라는 인과관계가 성립되어 있었다는 셈이 다. 일본은행의 재무 건전성을 의심하는 방향은 대량의 국채 보유와 그 평가액 저하를 이유로 채무 초과를 염려해 그것이 통화 신뢰도 저 하, 즉 엔저로 직결된다고 우려하는 쪽이 많다. 그러나 이런 스위스나 독일의 예를 보면 중앙은행이 국채를 많이 매입했다고 해서 그것이 재무상태표의 건전성을 해친다고는 할 수 없고, 해친다고 해서 통화 신뢰도가 훼손된다는 이야기와 직결된다고도 할 수 없다.

채무 초과가 심각하게 여겨지는 예도 있다

한편 중앙은행 B/S의 채무 초과가 심각하게 여겨 지는 사례도 있다.

우에다 가즈오 도쿄대학 명예교수는 일본은행 심의위원 시절인 2003년 '자기자본과 중앙은행'이라는 제목의 강연에서[*] '중앙은행에 서 건전한 B/S를 유지하는 것은 일반론으로 보면 그 책무를 다하기

[*]   우에다 가즈오(植田和男), 〈자기 자본과 중앙은행(自己資本と中央銀行)〉, 일본금융학회, 2003년.

위한 필요조건도 충분조건도 아니지만 필요조건에 가까운 상황도 가끔 존재한다'고 말했다. 우에다 교수는 베네수엘라, 아르헨티나, 자메이카와 같은 중남미 국가의 중앙은행도 과거에 채무 초과에 빠져 그 시점에 높은 인플레이션율로 고민했다는 사실을 지적했다.

예를 들어 베네수엘라 중앙은행은 1980년대부터 1990년대까지 정부의 확장적 재정 정책 등을 배경으로 가속화된 인플레이션 상승을 멈추기 위해 금융 긴축으로 돌아섰다. 이때 유동성 흡수를 위해 베네수엘라 중앙은행이 발행한 고금리 어음이 중앙은행의 수익을 압박해 긴축을 단념한 일이 있었다. 이 경우는 중앙은행의 재무 상태를 우선하여 인플레이션이 방치된 구도가 된다.

스위스와 독일은 자국 통화 강세로, 중남미는 정부의 잘못된 경제 정책에 끌려다니는 형국이어서 채무 초과에 빠졌다. 통화 강세를 통화 약세로 만드는 것은 이론상 쉬우므로 스위스와 독일의 채무 초과가 일시적인 것으로 문제시되지 않았던 점은 이해할 수 있다. 반면 중남미 국가의 예에서 보듯 정부의 잘못된 경제 정책이 변하지 않는다면 높은 인플레이션은 방치되므로 이에 대응하는 과정에서 중앙은행이 채무 초과에 빠지기도 한다. 그럴 경우 사실상 높은 인플레이션과 중앙은행의 채무 초과가 병존하기 쉽다.

하지만 어디까지나 중앙은행의 재무 건전성은 해당 국가가 최적이라고 판단한 재정과 금융 정책의 결과일 뿐 채무 초과 사실 자체에 결정적 의미가 있는 것은 아니다. 동시에 채무 초과가 환율을 포함한 자산 가격 변동의 원인이 될 근거도 없다. '건전한 것보다 나은 것은 없다' 정도의 이야기라고 할 수 있다.

미래에
테마화될
가능성은 있다

무엇보다 중앙은행의 재무 건전성이 엔저의 추진 요인이 되리라고 생각하지 않지만 외환시장의 단도직입적이고 변덕스러운 성격을 생각하면 그것을 이유로 통화 신뢰도가 테마시되는 경우가 절대로 없다고 말할 수는 없다. 환율은 공정 가치가 없는 세계다. 그때그때의 테마가 흐름을 만든다는 측면이 분명히 있기 때문에 스위스와 독일의 사례만을 들어 '엔화도 괜찮다'고 단언하기는 어렵다. 만일 중앙은행의 재무 건전성이 테마시되는 장세가 되면 [표 33]을 보면 가장 타깃이 되기 쉬운 것은 분명히 엔화일지도 모른다. 곪아도 G7의 한 축이자 세계 외환 보유액의 5% 이상을 차지하는 엔화는 그만큼 거래량도 많아 테마화하면 큰 장세로 발전할 가능성이 있다.

위에 소개한 강연에서 우에다 교수는 '문제는 이러한 채무 초과에 빠진 중앙은행의 정책이 채무 초과로 인해 왜곡되었는지 여부'라고 말했는데, 바꿔 말하면 '금융시장이 중앙은행의 금융 정책을 신용할 수 있는 상황인가'가 요체라는 말이다. 중앙은행이 채무 초과에 빠져도 물가 안정에 기여하는 정책을 운용하고 있다고 시장이 인정하면 통화 신뢰도가 흔들릴 일은 없다. 가령 구로다 체제에서 시작된 금융 완화도 경기 회복과 함께 물가가 2%를 돌파해 이를 긴축하는 과정에서 채무 초과에 빠질 가능성은 있다. 그러나 그것은 큰 일 앞의 작은 일일 것이다.

반대로 채무 초과를 피했다고 해도 높은 인플레이션 아래에서 통화 신뢰도를 소홀히 하는 금융 정책 운용이라는 경우도 있을 수 있다. 예를 들면 튀르키예 중앙은행처럼 대통령의 독자 이론[*]에 따라 '금융 완화로 인플레이션을 억제한다'는 기이한 정책 운용을 강요당하면 채무 초과가 아니더라도 통화는 폭락하고 인플레이션도 급격히 늘어날 것이다. 2022년 상반기의 일본 상황으로 눈을 돌리면 '엔저의 단점이 우려되면서도 일본은행이 완화 노선을 관철한다'는 구도가 금융시장, 아니 일본 사회 전체에서 부각되었다. 이 상황을 가리켜 튀르키예와의 유사성을 지적하는 목소리도 있었다.

[*]   에르도안 튀르키예 대통령은 '고금리가 높은 인플레이션을 초래하면 금리 인하로 인플레이션을 억제할 수 있다'는 독자적인 이론을 주장하며 이 사상을 터키중앙은행에 강요한 것으로 알려져 있다. '금리 인하로 높은 인플레이션에 대응한다'는 정책 운용은 말 그대로 불에 기름을 붓는 격이지만 이 독자적인 이론에서는 '통화를 의도적으로 절하함으로써 수출을 부추겨 경상수지가 개선되고, 결과적으로 환율 안정도 도모된다'는 통상적으로 이해하기 어려운 논리가 전개되고 있다. 일반적인 경제 이론과 동떨어진 정책 운용은 금융시장의 지지를 받지 못했다. 리라화는 만성적으로 하락했으며 CPI도 폭등이 이어졌다. 시장에서 신뢰를 얻지 못하는 금융 정책 운용의 말로를 보여주는 좋은 예로 활용된다.

그러나 반복해서 말하지만 이 책 집필 시점에서는 일본은행의 재무 건전성이 통화 신뢰도 훼손이라는 큰 이야기로 이어지고 있다고 생각하지 않는다. 어디까지나 2022년 상반기 엔저의 배경으로는 무역수지 적자와 대내외 금리 차이가 확대 방향에 있고, 정부와 일본은행이 그에 어떤 처방전도 내는 기색이 없다는 펀더멘탈을 지적하는 것이 더 맞지 않나 생각한다.

재정 요인의 인플레이션에 일본은행은 무력

종종 '인플레이션에 따른 국채 폭락'이나 '중앙은행의 채무 건전성'을 엔저와 연결시키는 주장은 일본의 정부 채무 잔액 증대 경향을 인용하는 경우가 많다. 거액의 정부 채무 우려로 엔저와 높은 인플레이션이 발생할 경우 확실히 경기 개선을 수반하지 않는 '나쁜 인플레이션'에 직면해 일본은행도 원치 않는 긴축으로 내몰리고, 그 과정에서 국채 가격의 급락과 외환 보유액의 금리 인상으로 민간은행에 이자 지급이 급증, 결과적으로 채무 초과에 이를 가능성은 부인할 수 없다.

그러나 설령 그렇게 되었다고 해도 따지고 보면 방만한 재정 정책의 결과이지 금융 정책을 집행하는 일본은행이 해결할 수 있는 문제는 아닐 것이다. 만일 그 단계에 이르러 요구되는 근본 해결책은 정부의 재정 재건 이외에 있을 리 만무하고 그 밖의 처방전은 모두 보완 수준에 그친다. 연착륙을 위해 일본은행이 국채 구입을 얼마간 계속하겠지만 이런 금융 정책 태도도 불신을 조장한다는 점에서 눈에 띄는 정책 개입도 할 수 없을 것이다.

결국 중앙은행의 재무 건전성은 재정·금융 정책의 결과로 숫자상으로 따라다니는 것일 뿐 그 자체가 어떤 진원지로 거론될 만큼 본질적인 것이라고 할 수 없다. 때때로 화제에 오르는 일본은행의 자기자본비율도 마찬가지여서 그 수준에 주목해도 본질적인 이야기로는 발전하기 어렵다.

중앙은행의 재무 건전성은 단순한 결과

현대의 관리 통화 제도에서 통화 신뢰도는 말 그대로 '믿고 인정받은' 결과가 금융시장에서 외환, 주식, 채권 등의 자산 가격에 나타난다. 중앙은행의 재무 건전성이 중요하지 않다는 말이 아니다. 그러나 실물 경제가 잘 돌아가는 한 아무도 신경 쓰지 않고 보도도 되지 않는다. 실제로 최신 일본은행의 자기자본비율이나 결산 상황을 아는 사람은 시장 참가자라도 드물 것이고, 일상생활에서 물건을 사면서 일본은행의 재무 건전성을 신경 쓰는 사람도 없다. 중앙은행 B/S의 모습은 금융 정책이 실물 경제를 지탱한 결과에 지나지 않는다.

팬데믹 아래의 일본에서 진정으로 우려해야 할 것은 스스로 성장을 포기하는 과잉 방역 대책이나 터부시되는 원전 재가동 등의 정책이 거의 비판 없이 채택되고 실행되고 있다는 점이다. 그 결과 상시화된 저성장과 엔저에 일본은행이 대응한 결과 채무 초과 위험에 노출되어 있는 면은 분명히 있을지도 모른다. 그러나 그렇다면 원인은 정부의 정책, 결과가 중앙은행의 재무 건전성이어서 일본은행을 쟁점으로 논의해도 소용없는 일이다. 인과를 잘못 파악해서는 안 된다.

무엇보다 외환시장에서 엔화 매도를 테마로 하고 싶은 단기 거래자에게 거래 동기는 그럴 듯한 것이라면 뭐든 상관없다. 이 점에서 종종 비판의 대상이 되는 일본은행의 재무 건전성은 이용할 만한 테마인 것도 사실이다. 이렇게 흘러가면 매우 귀찮기 때문에 당시 정권에는 중앙은행의 재무 건전성이라는 사소한 문제에 얽매이지 않고 만성적인 저성장을 타개할 시책을 기대해본다. 고령자층의 보수 지향에 맞추는 것이 단기 해결책으로 정계의 선호를 받는 일본에서 성장 중시 노선은 당연해 보이고 쉬운 일이 아니다. 이는 팬데믹 상황의 일본에서 진저리가 날 정도로 통감한 사실이다. 부디 위정자는 여론뿐 아니라 금융시장의 경종을 감지하고 일본 경제에 적합한 정책을 선택했으면 한다.

일본과 독일의 차이

유로화에 있고 엔화에 없는 것

일본과 독일

이 책 집필 시점의 일본은 더 이상 무역수지 흑자 대국이 아닌 적자 확대가 문제시되는 국면에 빠졌다. 한편 선진국 중 일본과 어깨를 나란히 하는 수출 대국인 독일은 어떤 상황일까. 이 책 집필 시점에서 독일은 각종 행보에 찬반이 나뉘지만 근년 들어 세계 최대의 경상수지와 무역수지 흑자국의 지위를 확고히 했고, 그것이 유로 환율을 무너지지 않게 방어한다는 견해가 뿌리 깊다. 이 점은 수급 환경 변화를 이유로 통화 신뢰도 훼손이 우려되는 엔화와 큰 차이를 보인다. 직감적으로 일본에서는 독일과 경제 구조의 유사성을 느끼는 경향이 많은 것 같지만 실상은 크게 다르다. 여기서는 일본과 독일, 나아가 엔화와 유로화의 차이를 간단하게 소개한다.

참고로 이 책 집필 시점에서는 독일의 2022년 5월분 무역수지가 자원 가격 상승의 영향을 받아 약 31년 만에 적자로 전락한다는 움직임이 보도되었다. 그러나 이것은 독일의 수출을 둘러싼 구조가 변했다기보다 자원 가격 상승에 따라 수입 증대가 심했기 때문이다. 일본처럼 수출 거점의 힘을 잃은 결과 무역수지 흑자를 잃은 것은 아니므로 무역수지 적자가 독일의 새로운 국면이라고는 아직 단언할 수 없다. 현시점에서는 일과성의 색이 강하다고 생각한다. 진실은 우크라이나 전쟁의 귀추까지 포함한 역사를 돌이켜봐야 알 수 있다. 여기서는 어느 정도 답이 나온 부분을 추려서 논한다.

일본 경제의 역사를 돌이켜보면 변동 환율제로 이행한 1973년 이후 기본적으로는 엔고와의 싸움이었다. 일본 제품의 높은 경쟁력 덕분에 무역수지 흑자를 쌓은 결과 엔화 가치는 만성적으로 상승했다. 게다가 1990년대 후반 이후에는 '디플레이션 통화는 상승한다'는 이론적으로 시사되는 압력도 더해졌다. 이런 상황에 대항하기 위해 일본에서는 금융 정책(때로 통화 정책≒외환 개입)으로 엔고 압력을 누르고, 수출 거점으로서의 힘을 유지하려는 정책 노력이 계속되어 왔다. 통화 약세를 염두에 두고 금융 정책을 환율에 할당하는 행위는 본래 개발도상국에 가까운 사고방식이지만 그만큼 수출로 경제 대국에 오른 성공 경험이 컸다고 본다.

그러나 1장에서도 살펴본 대로 국제수지의 발전단계설에 따르면 경제 발전 과정에서 무역수지 흑자를 주축으로 하는 성장 단계는 끝날 운명에 있다. 무역수지 흑자에 따른 만성적인 통화 강세에다 경제 성장과 함께 국내의 임금과 물가 정세가 강해지면서 제조업의 수출 경쟁력은 점차 잃어간다. 그 결과 '국내에서 생산해서 수출한다'는 비즈니스 모델의 매력이 사라진다. 이것은 개발도상국에서 선진국으로 이행하는 과정에서 예상되는 일반적인 전개다.

일본 경제는 이 일반적인 전개를 걸어왔다고도 할 수 있는데, 특히 2011년 3월의 동일본대지진을 계기로 일본 기업의 해외 생산 이전 의식이 높아져 그 흐름이 확고해졌다고 할 수 있다. 이 점도 1장에서 살펴봤는데 실제로 2011~2012년을 경계로 일본은 무역수지 흑자를 내지 못했다. 2022년 이후 엔저 상황에서는 '일본은 더 이상 무역수지 흑자국이 아니다'라는 사실이 새삼 부각되었는데 이 구조 변화는 10년 전에 시작되었고, 2022년 이후의 자원 가격 상승으로 더욱 주목받는 사태로 발전했다는 시간적 순서로 이해해야 한다.

영원한 상대적 통화 약세를 얻은 독일

한편 단일 통화인 유로화는 독일도 이탈리아도 그리스도 포함하여 유로화이므로 그 환율이 독일에 적합할 정도로 강해질 일은 구조적으로 없다. 독일은 영원한 상대적 통화 약세와 함께 높은 경쟁력을 유지하며 무역수지 흑자를 계속 쌓고 있다. 엄밀히 말하면 통화 약세

뿐 아니라 슈뢰더 개혁과 동유럽 이민에 따른 노동 비용 저하, 풍족한 자유무역 환경 등도 관련되어 있지만 이 책의 주제에서 벗어나므로 여기서는 이만 언급하기로 한다. 어쨌든 독일은 일본이 걸어온 것과 같은 운명을 걱정할 필요가 없고, 또 그런 독일이 있기에 유로화의 수급 환경은 견고했다는 사실이 있다. 물론 그 대신에 유로권은 정치 내분이 잦고, 그것이 유로 환율을 흔들기도 하지만 수급이라는 중요 논점에 관해서 유로화는 안정된 환경을 누려왔다.

숫자로 살펴보자. 1990~2019년의 30년간 일본의 무역수지 흑자는 거의 소멸했는데, 독일의 무역수지 흑자는 3~4배로 불어나 세

[표 34] 무역수지의 일본과 독일 비교

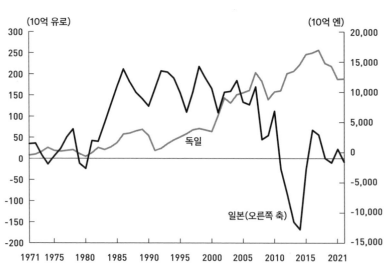

출처 I **Macrobond** ※1998년 이전의 무역수지 유로 환산은 독일연방은행에 의한 계산

계 최대의 무역수지 흑자국의 지위를 확고히 했다.(표 34) 게다가 세계 무역에서 차지하는 점유율 등을 봐도 양국의 위치는 상당히 다르다. 중국이 급부상하여 독일도 일본도 세계에서 차지하는 수출 비중은 1980년대 후반을 정점으로 하락의 길을 걸어왔다.(표 35) 구체적으로 독일은 1980년대 후반 12% 전후였던 것이 2021년 7.5%까지 떨어졌다. 독일 정도의 선진국임을 감안하면 30년에 걸쳐 완만한 침체에 머물러 있다는 인상은 있다.

한편 일본은 1980년대 후반 10% 전후에서 3분의 1까지 축소했다. 2021년 시점의 수출 점유율을 비교하면 독일은 일본의 두 배 이

[표 35] 일본, 독일, 중국이 세계 무역에서 차지하는 점유율

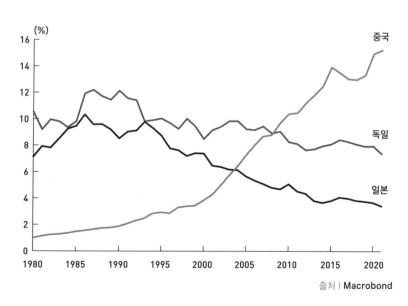

출처 | Macrobond

상이다. 수출 대국의 격이 있다면 독일이 한 수 위라고 할 수 있다. 이는 당연히 무역 환경과 통화를 공유하는 지역 내 수출이라는 혜택적인 측면이 크지만 그것만이라고는 할 수 없다. 유럽 채무 위기를 계기로 독일의 무역수지 흑자는 EU에 국한하지 않고 EU 지역 외로도 확산되고 있다. 요컨대 단일 시장에 의존하지 않고 세계 경제의 수요를 착실히 포착해왔다고 할 수 있다. 독일의 수출이 구조적인 요인에 힘입은 것은 틀림없지만 단순히 상대적 통화 약세를 가지고 있고 EU에 속해 있기 때문이라는 이유만으로는 다 설명이 되지 않는다.

이렇게 해서 독일이 축적한 '줄지 않는 무역수지 흑자'는 '유로화에 있고 엔화에 없는 것'의 상징이며, 이것은 서로의 환율 전망을 검토하는 데에 매우 중요한 영향을 미치는 논점이라 할 수 있다.

일본과 독일은 닮은 듯 다르다

앞서 말했듯이 일본에서는 막연히 '일본과 독일은 닮았다'고 생각하는 사람이 많다. 일찍이 동맹국이자 패전국으로 자동차를 중심으로 제조업이 발달했다는 점에 의거한 감정일 것이다. 또 단순히 성실하다는 이미지를 가진 사람도 많은 듯하다.

그러나 유럽위원회에서 근무한 경험을 돌이켜보면 일본 경제와 독일 경제, 일본 정치와 독일 정치, 혹은 일본인과 독일인 그 어느 것

도 비슷하다고 느끼지 못했다. 이 점은 〈애프터 메르켈 최강의 다음에 있는 것(アフター・メルケル最強の次にあるもの)〉이라는 책에서 자세히 논했다.

나는 경제의 관점에서 일본과 독일을 비교함에 있어 6가지 점으로 그 차이를 정리했는데,(표 36) 여기서는 간단히 [표 36의 ②]를 중심으로 한 논의만을 소개했다.

그러나 독일, 나아가 유로권의 거대한 무역수지 흑자를 말하기 위해서는 ② 이외의 논점도 복합적으로 논의해야 한다. '영원한 상대적 통화 약세'에 더해 '거대한 자유무역권', '저렴하고 양질의 노동력' 등

[표 36] 독일과 일본의 차이는 어디에 있는가?

독일의 강점	일본에 시사하는 바	실현 가능성
①단일 경제권	광범위한 FTA 등의 필요성	정치하기 나름이지만 독일과 같은 조건이 되기는 어려움
②영원히 상대적 통화 약세	환율의 안정	구조적으로 불가능
③싸고 양질의 이민 (인구 감소 억제)	이민 수용 논의의 필요성	정치하기 나름이지만 독일 수준은 불가능
④경직된 노동 시장 개혁	일본형 고용 시스템 수정의 필요성	정치하기 나름
⑤수출 거점의 매력 유지	국내 생산 인센티브 향상의 필요성	정치하기 나름이지만 ②와 같은 순풍은 일본에 없음
⑥정부 재정의 건전성	재정 건전화	정치하기 나름

출처 | 일본정책투자은행 '독일 경제의 강점과 과제가 일본에 시사하는 점을 살핀다'(2015년 8월)에서 필자 수정

의 구조적 유리함이 있었기에 독일의 대외 경쟁력은 유지될 수 있었다. 게다가 독일의 고용 제도나 재정 정책의 본연의 자세에도 주목할 가치가 있다.

BOX⑥
세계의 외환 보유액으로 보는
달러화와 엔화

과거 최저 수준이 이어지는 달러 비율

국제통화기금(IMF)은 분기에 한 번 세계의 외환 보유액 구성 통화 데이터(COFER, Currency Composition of Official Foreign Exchange Reserve)를 발표한다. 외환시장을 중장기적으로 전망할 때 거액의 외환 보유액을 운용하는 해외의 경제·금융당국(리저브 플레이어)의 동향은 중요한 정보가 되므로 나는 정기적으로 관찰한다. 주로 달러의 존재감을 테마로 한 논고가 되겠지만 엔화와도 무관하지 않으므로 여기서 다룬다.

이 책 집필 시점에 COFER는 2022년 3월 말 것까지 공개되어 있다. 2021년 이후의 COFER는 세계의 외환 보유액에서 차지하는 달러의 비율이 사상 최저를 이따금 경신하고 있는 사실이 자주 화제

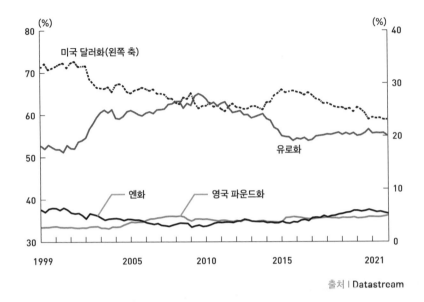

[표 37] 세계의 외환 보유액에서 차지하는 각 통화 보유 비율(2022년 3월까지)

출처 I Datastream

를 모으고 있다.

　구체적으로 숫자를 살펴보자. 2021년 12월 말 시점의 달러 비율은 58.86%로 통계 작성 이래 최저치를 경신했지만 2022년 1분기는 58.88%로 근소하게 상승했으나 거의 변하지 않았다. 또 달러 비율은 2020년 12월 말 이후 6분기 연속으로 60% 아래로 떨어졌다. 이런 달러 비율의 저공비행은 과거에는 볼 수 없던 일이며, 세계의 외환 보유액 운용에서 차지하는 달러의 존재감은 확실히 떨어지고 있는 것처럼 보인다.(표 37)

비달러화는 장기 트렌드

물론 1~2년의 움직임만을 좇아 결론을 성급히 내리는 것은 위험하다.

그래서 과거 20여 년의 추세를 살펴본 것이 [표 38]이다. 1999년 3월 말과 2022년 3월 말을 비교하면 달러 비율은 71.2%에서 58.9%

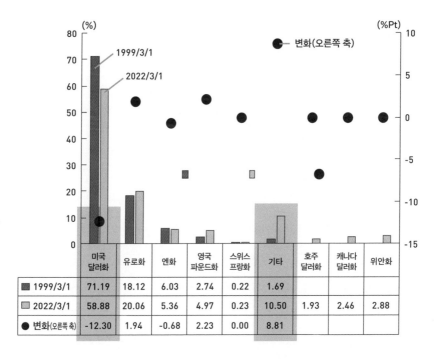

[표 38] 1999년 3월 이후 외환 보유액의 변화

	미국 달러화	유로화	엔화	영국 파운드화	스위스 프랑화	기타	호주 달러화	캐나다 달러화	위안화
■ 1999/3/1	71.19	18.12	6.03	2.74	0.22	1.69			
□ 2022/3/1	58.88	20.06	5.36	4.97	0.23	10.50	1.93	2.46	2.88
● 변화(오른쪽 축)	-12.30	1.94	-0.68	2.23	0.00	8.81			

(주)호주달러화, 캐나다달러화, 위안화는 1999년 3월 시점에는 미공개. '기타'는 이들 3개 통화를 포함한다.

출처 | IMF, Datastream

로 12.3%포인트 하락했다. 그동안 유로화 비율은 18.1%에서 20.1%로 2%포인트밖에 증가하지 않아 낮아진 달러의 비율을 흡수하지 못했다는 사실을 알 수 있다. 낮아진 달러 비율을 흡수한 통화는 중국 위안화를 비롯한 기타 통화인데 1.7%에서 10.5%로 8.8%포인트나 증가했다. 지난 4반세기의 외환 보유액 운용의 트렌드로써 '달러를 내려놓고 신흥국·자원국 통화로'라는 사실은 뚜렷하다.

이런 움직임의 배경은 여러 가지가 있는데 최근에는 ①달러 패권에의 대항, ②디지털 통화의 개발과 발행, ③유럽 부흥 채권(NGEU 채권)*의 등장 등이 외환 보유액 운용의 다양화를 촉진하는 배경으로 자주 지적된다. 특히 ②는 ①과 밀접한 연관이 있는 논점이다. 중국과 유로권, 영국 등이 중앙은행 디지털 통화(CBDC)의 개발과 발행을 추진하려는 움직임에는 '달러 패권에의 대항'이라는 맥락으로 풀이되는 경우가 많다.

예컨대 중국이 디지털 위안화의 개발과 도입을 서두르는 배경에는 SWIFT 차단과 같은 사태에 대비하는 의미가 있는 것으로 알려졌다. 중국이 주도하는 거대 경제권 구상인 '일대일로'의 참가국에 디지털 위안화 이용을 독려할 것이라는 전망도 나오고 있고, 그에 따른 디지털 위안화 경제권 구축, 그 너머 위안화 국제화까지 내다본 구상

---

* NGEU는 'Next Generation EU(차세대 EU)'의 약자다. 팬데믹으로 타격을 입은 지역 내 경제를 재생하기 위해 고안된 EU의 시책 중 하나다. 예산 규모는 총액 7,500억 유로로 전액이 EU 가맹국이 연대 보증하는 공동 채권 발행으로 시장 조달된다. EU의 오랜 과제로 여겨져온 유로권 공동 채권의 이정표로 주목받고 있다.

도 지적되고 있다. 미래에는 디지털 위안화와 중국이 운용하는 위안화 결제 시스템인 'CIPS'를 이용하는 경제 주체 대상의 우대 조치 등도 검토될지 모른다.

또 ③의 NGEU 채권도 COFER의 앞날에 중요한 논점이다. 팬데믹에서 부흥을 목적으로 하는 NGEU 채권은 한시적 조치이기는 하지만 장래에 유로권 공동 채권으로써 영구화될 것이라는 기대도 있다. 그렇게 되면 달러 비율의 저하를 촉진하는 이야기가 될 것이다. 현재 유로화로 된 안전 자산이라고 하면 실질적으로는 최고 신용 등급을 받고 있는 독일 국채 정도밖에 없다. 따라서 세계의 외환 보유액 운용의 과반수가 미국 국채에 의존할 수밖에 없는 사정도 있다. 장래 유럽위원회가 발행하는 채권이 영구화된다면 미국 국채에 이은 안전 자산의 탄생으로서 역사적 관점에서 평가받을 수 있다.

현재 NGEU 채권은 2021~2027년의 EU 중기 예산이 종료되면 소멸하기로 되어 있다. 그러나 이를 발판 삼아 영구적인 후계 구도를 검토해야 한다는 목소리도 있다. 앞으로 유로화 환율뿐 아니라 달러화 환율의 추세에도 영향을 미칠 큰 논점일 것이다.

물론 이런 논점을 감안하더라도 달러에 집중이라고 할 수 있는 국제 통화 체제가 하룻밤 사이에 크게 변하는 일은 없을 것이다. 그러나 러시아에 대한 SWIFT 차단은 '달러 없는 미래'에 제한적인 시뮬레이션을 보여준 셈이어서 대미 관계에 불만을 품고 있는 나라의 외환 보유액 운용에 영향을 주고, 구체적으로는 비달러화의 기운을 강화할 가능성도 우려된다. 어쨌든 현실적인 문제로써 COFER에서 차지하는 달러 비율이 현저히 낮아지고 있는 이상 예비적 동기에 기초한 달러 수요가 세계적으로 후퇴하고 있는 것은 분명하다. 그 의미를 다면적으로 이해하려는 자세가 지금 요구되고 있는 것은 틀림없다.

엔화 비율 저하는 이어질 것인가?

이런 상황에서 엔화의 위상을 어떻게 봐야 할까. [표 38]에서 보았듯이 엔화의 비율은 같은 20년 사이에 6.0%에서 5.4%로 0.7%포인트 하락했다. 이 사이 달러 이외에 비율이 떨어진 것은 엔화뿐이고 비달러화와 함께 엔화에서 다른 통화로 돌리는 징후도 조금씩 보인다. 특히 팬데믹이 시작된 2020년 이후(엄밀히 말하자면 2020년 3월 말부터 2022년 3월 말까지 2년간)의 비율을 보면 엔화는 0.53%포인트(5.89%→5.36%) 내린 반면 기타 통화는 0.98%포인트(2.25%→3.23%)로 크게 올랐다. 이 움직임은 대조적이다.(표 39) 같은 기간에 시장점유율이 하락한 것은 엔화 외에 달러화(61.85%→58.88%, ▲2.97%포인트)뿐이라는 점을 생각하면 그 이유가 다소 궁금하다.

달러화에 관해서는 앞서 말한 여러 이유가 있다고 해도 엔화의 비율은 왜 떨어지고 있는 것일까. 과연 영원한 저금리 통화라는 점이 싫어지기 시작한 것일까. 아니면 1장에서 살펴봤듯이 견고했던 수급 환

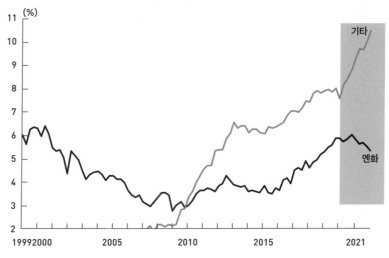

[표 39] 세계의 외환 보유액에서 차지하는 각 통화 보유 비율(2022년 3월까지)

(주) COFER에서 발표되는 '기타'에 위안화, 호주달러화, 캐나다달러화를 더한 숫자

출처 | Datastream

경의 변화에 위기를 느낀 후보 선수가 늘어나기 시작한 것일까. 물론 COFER 상의 비율은 달러 표시로 환산된 2021년 이후 '엔저가 현저히 진행되고 있다'는 가격 요인도 크게 영향을 미쳤을 가능성이 있다. 그러나 후보 선수의 포트폴리오 구성(각 통화에 할당된 비율)이 변하지 않는다면 가격 요인으로 타깃 비율에서 크게 괴리된 만큼 적절한 리밸런싱(엔화 매입, 기타 통화 매도)이 들어갈 것으로 보인다.

이 점을 20년 이상의 시간 축으로 보아 비달러화가 진행되고 있음은 이미 틀림없지만 2022년 이후 현저히 진행된 20여 년 만의 엔저의 결과 엔화 비율이 낮은 채로 방치될 것인가. 아니면 그에 상응하는 수준으로 끌어올려지도록 사들일 것인가. 결론은 아직 내리기 어렵지만 귀추는 '후보 선수가 본 엔화'의 평가를 반영하므로 매우 주목된다.

COFER에서 차지하는 엔화 비율의 절대치는 낮기 때문에 세계적으로 주목도가 높다고는 할 수 없다. 또 두드러진 엔저 현상도 2022년 3월 이후에 나타나기 시작했기 때문에 비달러화와 대등한 정도의 트렌드가 될지는 이 책 집필 시점에서는 아직 판단할 수 없다. 그러나 이미 살펴봤듯이 경상수지나 무역수지와 같은 엔화의 수급 구조에 관련된 본질적인 부분이 변화하고 있는 것은 사실이므로 그 사실을 후보 선수가 어떻게 평가하고 운용에 반영해 나갈지는 엔화의 미래에 있어서 매우 중요한 이야기다. COFER에서 차지하는 엔화 비율이 본격적으로 하락 경향에 들어서면 환율에 미치는 영향도 경시할 수 없을 것이며, 장기 내지는 초장기의 엔화 환율 예측을 검토하는 관점에서 눈을 뗄 수 없는 통계라 할 수 있다.

우크라이나 위기가 COFER에 미친 영향

앞에서 대미 관계에 불만을 품은 나라에서 비달러화의 기운이 강해질 가능성을 언급했는데 이 점을 조금 더 보충하겠다. 세계에서 다섯 손가락 안에 드는 외환 보유액을 자랑하는 러시아중앙은행(CBR)

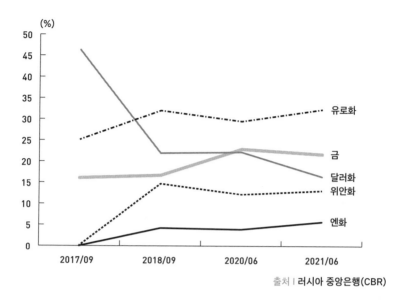

[표 40] 러시아 외환 보유액 구성의 변화

(%)

유로화

금

달러화
위안화

엔화

2017/09   2018/09   2020/06   2021/06

출처 ㅣ 러시아 중앙은행(CBR)

은 2017년부터 2021년까지 5년간 달러 비율을 30%포인트 인하 (46.3%→16.4%)했고, 5년 전에는 제로 퍼센트였던 위안화를 0.1%에 서 13.1%로 대폭 인상했다.(표 40) 외환 보유액 포트폴리오의 움직임 으로는 합리적이라고 말하기 어려운 변화인데 여기에 정치, 외교적인 의도가 있었음은 명백하다.

한편 유로화와 엔화도 눈에 띄게 인상되고 있다. 이런 움직임을 보 면 유사시에 '일본, 미국, 유럽으로부터 동시에 제재를 받는다'는 전개 는 러시아로서도 의외였을지 모른다. 이런 러시아중앙은행의 움직임 은 앞서 봐온 COFER에서의 비달러화의 트렌드와 일치하는 것이다.

물론 거액이라고는 하지만 러시아중앙은행의 외환 보유액은 20

21년 말 시점에 약 6,300억 달러로 세계 전체의 5%에도 미치지 못하므로 이것만으로 COFER의 트렌드가 규정되는 것은 아니다.

그러나 달러 패권의 미래를 생각할 때 우크라이나 위기에서 러시아 제재 행동의 의미는 역시 커 보인다. 2022년 2월 말 '금융의 핵무기'라고도 묘사되는 SWIFT 차단이 결정되었는데 푸틴 러시아 대통령의 자세가 변하지 않는 한 해제될 것 같지 않다. 이 불편하지만 달러 없이 경제가 돌아간다는 상태가 장기화되는 것 자체가 달러 패권의 견고함에 좋은 이야기는 아니다. 달러 결제를 주류로 하는 SWIFT 차단을 계기로 러시아가 중국의 결제 시스템인 CIPS에 상시 접속할 가능성도 지적되고 있다. 이것이 신창타이(새로운 상태)가 된다면 달러 패권에 쐐기를 박는 꼴이 된다.

현재 세계 경제에서 SWIFT 차단의 영향은 막대하지만 시간을 두고 러시아는 SWIFT 없는 세계에 적응한다.(안 그러면 살 수 없기 때문이다) 이 '적응했다'는 사실은 '여차하면 들어오는 미국의 금융 제재가 두렵다'고 생각하는 이들에게 든든한 이야기가 된다. 세계를 둘러보면 비민주국가와 민주국가의 수는 팽팽하고,* '달러 결제의 편의성'을 누리면서도 그 반대인 'SWIFT 차단'에 내심 떠는 나라는 잠재적으로 많다. '패권'이라고까지 불리는 상태가 조만간 바뀌는 일은 없겠지만 SWIFT 없는 세계에 익숙해지면 서서히 그러나 확실하게 변화

---

* 2019년 스웨덴의 조사 기관 V-Dem은 세계의 민주주의 국가·지역이 87개국인 데에 비해 비민주주의 국가는 92개국으로 18년 만에 비민주주의 국가가 다수파가 되었다는 보고를 발표했다.

는 일어난다.

그리고 미국의 금융 제재를 두려워할 나라는 약 3.2조 달러(2021년 말 시점)로 세계 최대의 외환 보유액을 가지고 있는 중국일 것이다. 그중 몇 퍼센트가 달러로 운용되고 있는지 정확하지 않지만 가령 60%라도 1.9조 달러이다. 러시아가 받은 각종 제재를 목도하고 마찬가지로 외환 보유액의 운용 다변화를 검토하고 있을, 혹은 다양화가 완료되었을 가능성은 높다. 참고로 중국과 러시아의 외환 보유액을 합치면 약 3.8조 달러로 세계 전체의 30%를 차지하며 COFER 전체에 미치는 영향도 결코 작지 않다.

이렇게 생각하면 우크라이나 위기를 계기로 세계의 외환 보유액 운용이 큰 변화를 겪을 수밖에 없었고, 그 트렌드 속에서 엔화의 비율이 어떻게 변해갈지를 보는 시선도 앞으로 중요해질 것이다. 엔화를 적극적으로 평가할 이유는 부족하더라도 러시아중앙은행처럼 달러를 회피한 결과 엔이나 유로와 같은 통화로 흐름이 유입될 가능성도 있다. COFER에 반영되는 후보 선수의 동향은 눈앞의 금융시장을 분석하기에 너무 큰 이야기이지만, 경제뿐 아니라 정치, 외교의 의도도 엇갈리는 데이터로 재미있는 계수이므로 관심을 가진 독자는 꼭 한번 찾아보길 바란다.

제 6 장

팬데믹 이후의
세계 외환시장

통화 강세 경쟁의 기운

세계는 통화 강세 경쟁이 일어나는 양상

금융위기 이후에 상시화된 통화 약세 경쟁

시라카와 체제의 교훈

세계는
통화 강세 경쟁이
일어나는 양상

2022년 6월 23일 파월 FRB 의장이 금융 정책에 관한 의회 증언에 나서 미국 경제의 경기 후퇴 리스크를 인정한 것이 화제가 되었다. 물론 이 발언 자체는 중요했는데 2022년 6월 시점의 미국 경제는 대량 실업자를 내는 것 외에 임금, 나아가 서비스 물가 억제를 기대할 수 없는 상황에 있었던 것도 사실이었다.

따라서 긴축적 금융 정책의 결과로 GDP 성장률이 저성장(작은 플러스)이냐 후퇴(마이너스)냐 하는 것은 본질적인 문제라고 할 수 없었다.

한편 외환시장의 관점에서는 같은 강연에서 미국의 금리 인상을 배경으로 한 외환시장의 달러화 강세에 대해 파월 의장이 '인플레이션을 완화하는 효과가 있다'고 밝힌 것이 인상적이었다. 이미 '인플레이션과 싸우는 데는 조건이 없다'라고까지 말한 파월 의장이 달러화 강세의 인플레이션 억제 효과를 언급함으로써 미국의 통화, 금융 정책으로 다시 한번 달러화 강세 방침이 표명된 모습이었다.

실제로 그 시기의 세계를 살펴보면 ECB 고위 관리로부터도 실효성 있는 유로화 강세가 인플레이션 억제에 기여한다는 취지의 발언이 있었고,* 예전에는 통화 약세의 필요성을 주장하며 무제한 자국 통화 매도 개입까지 한 스위스국립은행(SNB, 5장 참조)도 금리 인상과 함께 '필요하다면 외환시장에 적극 개입하겠다'며 자국 통화 매수 개입의 의지를 드러냈다. 또 2022년 7월 21일 ECB 정책이사회 후에 열린 기자회견에서 라가르도 ECB 총재는 유로화 약세를 높은 인플레이션의 한 원인으로 언급했다. 파월 FRB 의장의 발언을 들먹일 필요도 없이 음양으로 통화 강세 경쟁의 양상을 보이고 있는 것이 이 책 집필 시점의 세계 외환시장 현황이다.

금융위기 이후에 상시화된 통화 약세 경쟁

통화 강세가 바람직하다는 상황은 2008년 금융 위기 이후 외환시장과 대치해온 경험에 비춰보면 격세지감을 느낀다. 2008년 9월의 리먼 사태 이후 세계의 중앙은행은 모두 초저금리 정

---

* 예를 들어 2022년 5월 16일 빌레로이 드 갈하우 프랑스중앙은행 총재는 회합에서 '수입 인플레이션을 견인하는 요인으로 실효 환율의 동향을 주의 깊게 지켜볼 것'이라며 유로화 약세가 물가 안정 목표에 악영향을 끼친다는 인식을 나타냈다. 뒤집어 말하면 '유로화 강세가 물가 안정 목표에 긍정적 영향'이라는 것이다.

책에 그치지 않고 양적 완화 정책으로 상징되는 비전통적 금융 정책에 착수하여 통화 약세 유도에 힘썼다. 세계는 타국의 수요를 서로 빼앗는 근린 궁핍화 정책(Beggar thy neighbour), 이른바 통화 약세 경쟁의 양상이 강해졌다.

예를 들어 2010년 10월 한국 경주에서 열린 20개국·지역(G20) 재무장관·중앙은행 총재 회의는 통화 문제가 쟁점으로 주목받았는데 '경제의 펀더멘탈을 반영해 시장에서 결정되는 환율 시스템으로 이행하고 경쟁적 절하를 피한다'는 데에 뜻을 같이하여 통화 약세 경쟁에 자제를 촉구하는 내용이 담겼다. 이것은 당시 중국에 위안화 절상을 촉구하려는 의도도 있었다.

금융위기 이후 통화 약세 경쟁을 상징하는 움직임으로 기억되는 것이 2010년 9월 오바마 미국 행정부가 발표한 수출 배증 계획이다. 이 계획 아래 미국은 명목 수출액을 2009년 기점으로 2015년까지 두 배로 늘리겠다는 방침을 당당하게 내세웠다. 실제로는 5년간에 두 배가 되지 않고 1.5배 조금 넘는 데 그쳤지만 이 계획이 암암리에 달러 약세 계획이라고 이해된 것은 말할 필요도 없다.

[표 41]은 해당 5년간(2009-2014)의 명목 실효 달러 환율과 미국의 수출액을 본 것인데 2009~2013년에 달러화가 안정적으로 낮게 도모되고 그 사이 수출이 급증했다는 사실은 인정된다. 물론 상관관계이지 인과관계는 아니라는 부분도 있겠지만 미국 대통령이 수출 배증을 외치면 외환시장이 그에 따라 움직이려 하는 것은 전혀 이상

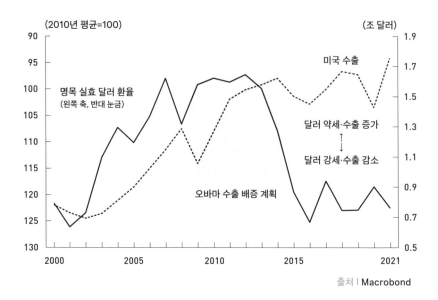

[표 41] 미국의 수출과 달러 환율

(2010년 평균=100) (조 달러)

미국 수출

명목 실효 달러 환율
(왼쪽 축, 반대 눈금)

달러 약세·수출 증가
↑
↓
달러 강세·수출 감소

오바마 수출 배증 계획

출처 I Macrobond

하지 않다. 결과적으로 실현된 달러화 약세가 미국 수출을 밀어올린 사실은 부인할 수 없다.

이런 통화 약세 경쟁 분위기는 FRB가 정상화로 키를 돌린 2013년 이후 조금씩 달라졌지만 그전까지는 세계의 통화·금융 정책이 통화 약세·완화 쪽으로 자리 잡았다. 그렇게 해야만 국내 경제의 부활로 이어질 수 있을 정도로 세계 경제는 망가진 상태였다.

이에 비해 2022년은 파월 FRB 의장이 인플레이션 억제를 지상명제로 삼고 달러 강세를 유효한 억제 수단으로 언급하는 상황으로 바뀌었다. 2022년 가을 중간 선거를 앞두고 인플레이션율과 지지율이 반비례한다고 알려졌던 바이든 행정부도 파월 의장의 주장에 동조하고 있었다. 바이든 정권 아래에서 인플레이션을 '바이든플레이션'이라고 야유하는 미국 내의 여론도 있었음을 감안하면 FRB의 긴축 노선은 정치적으로도 바람직했을 것이다.

시라카와 체제의 교훈

리먼 사태 이후 통화 약세 경쟁에서 손해를 본 것은 일본이었다. 거대한 경상수지·무역수지 흑자를 자랑하는 디플레이션 통화로써 세계 통화 강세의 비중을 맡으면서 엔화는 2011년 10월 사상 최고치(1달러=75.32엔)까지 치솟았다. 당시 시라카와 체제의 정책 운용을 비판하는 의견도 있지만 '거액의 무역수지 흑자를 안고 있는 디플레이션 통화'라는 입지는 이론적으로도 엔화가 팔리기 쉬운 환경을 시사하고 있었다.

사실 2012년경까지 달러/엔 환율의 역사는 '엔고의 역사'로 이것은 '디플레이션의 역사'이자 '무역수지 흑자의 역사'였다. 당시 시라카와 체제에 정책 비판이 있다면 그것은 '어느 정도의 엔고가 적절했는가'가 쟁점이 될 텐데 이 점은 이 책의 취지에 벗어나므로 생략한다.

당시 여론의 시라카와 체제 비판을 대충 종합하면 '세계의 흐름에 역행하여 완화를 꺼리고 있다'는 것이었다고 기억한다. 실제로 당시의 정책은 2013년 4월 이후 칭찬을 받게 되는 구로다 체제의 그것과 본질적으로 같은(초저금리와 대규모 국채 구입) 것이었지만 표현 방식은 확실히 서툴렀다. 냉정하고 이론적인 어투가 시라카와 일본은행 전 총재의 강점이었지만 엔고로 신경이 곤두선 여론에 대고 이론적 설명을 해봤자 불에 기름을 부을 뿐이었다.

그러나 BOX③에서도 논했듯이 이 시라카와 체제를 계승한 구로다 체제의 마지막 해에 해당하는 이 책 집필 시점에서는 당시 시라카와 체제가 직면한 상황과 비슷한 분위기가 이번에는 엔고가 아닌 엔저 속에서 펼쳐지고 있다. 2022년의 구로다 체제는 '세계의 흐름에 역행하여 긴축을 꺼리고 있다'는 구도여서 여론은 엔저에 조바심을 내기 시작한 모습이다.

선진국에서 마이너스 금리를 채택한 나라는 2022년 7월 말 시점에 스위스국립은행(SNB)과 일본은행밖에 없는데 SNB도 2022년 중에 마이너스 금리 종료가 확실시되고 있다. 그 결과 '엔화만 마이너스 금리'라는 구도가 부상하고 있는 것이 이 책 집필 시점의 외환시장 환경이다.(표 4) 게다가 골치 아프게도 무역수지 적자는 거액인 채로 기시다 정권은 원전 재가동이나 인바운드 해제와 같은 엔화 매도를 완화하는 수급 논의에 착수하지 못하고 있는 상황이다.

이런 상황에서 리먼 사태 이후에 '세계 통화 강세의 비중을 맡은'

것처럼 '세계 통화 약세의 비중을 맡는' 것이 2022년 이후의 엔저 국면을 말하는 대국적 관점으로 지적할 수 있다. 이런 상황은 통화 약세가 정의로 여겨진 시대가 팬데믹과 전쟁을 맞아 갑자기 종말을 고하고, 통화 강세가 요구되는 시대로 들어섰다고도 표현할 수 있을지 모른다.

이 책이 출간되었을 무렵 엔화 환율 상황이 과연 그런 대국적 관점과 일치해 있을까. 아니면 의외의 사태가 일어나 세계는 더욱 다른 방향으로 향하게 될까. 나도 확신할 자신은 없다. 그러나 자원을 포함한 넓은 의미에서의 물자 조달에 어려움을 겪는 상황에 직면해 '통화 강세로 망한 나라는 없다'는 역사적 사실을 되새겨야 한다고 생각한다. 갑자기 열기를 띠기 시작한 통화 강세 경쟁은 세계 경제의 위기감을 드러낸 것이라는 측면도 있다.

공정 가치가 없는 외환시장에서 미래를 논하기란 늘 용기가 필요하다. 그 점에서 이 책의 1장에서 5장까지의 논의는 되도록 진부해지지 않는 관점을 유지하려고 노력했다. 6장은 나 나름의 이 책 집필 시점의 현상 인식이며, 유통기한이 언제일지 불안감도 있지만 생각하는 바를 썼다. 독자 여러분이 경제와 금융 정세를 배우거나 자산 형성을 검토할 때 조금이라도 이 책의 논의를 떠올려 도움이 된다면 더 바랄 게 없다.

마치며

직정적인 외환시장이 잘 보이지 않는 과도기

2022년 봄 이후의 엔저 상황에서는 정말 많은 법인 기업, 기관 투자가, 위정자들과 논의할 기회로 넘쳐났다. 어떤 입장에 있는 사람이든 이 나라의 형태가 너무나도 좋지 않은 방향으로 바뀌고 있는 전조로 엔저를 평가하고 있었다. 그렇기에 서론에서도 말했듯이 중장기적인 변화를 논의하는 매체로 책이라는 형태를 선택하는 것에 어느 정도 가치가 있다고 판단했다.

금융시장 안에서도 외환시장은 특히 직정적이어서 이 책에서 전개한 장기적 시각에서의 논의는 경시되기 쉽다. 실제로 환율이든 주식이든 생계가 달려 있는 시장 참가자 입장에서 보면 '장기적으로 옳아도 단기적으로 잘못되면 내 삶이 힘들다'는 속내는 이해할 수 있다. 일일이 기초적인 경제 지표가 발표되기를 기다려 포지션을 만들다 보면 끝이 나지 않을 것이라는 생각은 내가 투자가라도 품을 것이다.

그러나 최종적으로 기초적 경제 조건(펀더멘탈)에 대항하기는 어렵다. 2012년 이후 무역수지 적자의 만성화와 함께 환율 상황이 엔고·달러저로 움직이기 힘들어졌다는 사실은 [표 7]을 보면 일목요연하다. 장기 운용을 시도하는 시장 참가자에게 미성숙채권국에서 성숙채권국으로 이행한 2011~2012년을 경계로 10년간은 그야말로 '엔화 환율의 과도기'로 정리해야 할 국면이었다.

이후 이어진 탈탄소, 팬데믹, 우크라이나 전쟁과 같은 큰 시대의 물결이 겹친 2020~2022년의 광경을 보면 엔화 환율은 보다 새로운 단계를 모색하고 있는 것처럼도 보인다. 그렇게 생각하면 예전의 엔고·달러저 수준으로는 더 이상 돌아가지 않을 가능성도 고려해야 한다. 물론 외환시장에 절대란 없고 가능성의 하나에 지나지 않지만 '과거처럼 통화 강세로 고민하는 나라가 아니게 되었다'는 인상은 이 책 집필 시점의 일본 사회를 보면서 크게 느낀 부분이다.

어찌 되었든 항상 소란스러운 금융시장에서 과도기란 언제나 감지하기 어려운 법이다. 그래서 잠시 멈춰 서서 생각하는 시도도 가끔은 해도 좋지 않을까 생각한다. 이 책 집필 시점의 거센 자원 가격 상승을 감안하면 자원의 순수입국인 일본에서 '예전의 엔고로는 돌아가지 않을지도 모른다'는 예상은 적중하지 않는 편이 좋고 그러기를 바란다.

'값싼 일본'으로의 부활을

하지만 조심해서 나쁠 것은 없다. 적어도 일본의 미래를 짊어질 위정자는 '예전의 엔고로는 돌아가지 않을지도 모른다'는 리스크를 염두에 두고 경제 정책을 비롯한 나라의 방향키를 잡아주었으면 한다. '값싼 일본'이 정착하고 말았다면 이제 이를 활용하는 것으로 사고를 전환할 수밖에 없다. 이 책에서 소개한 아이폰 가격의 예에 한정하지 않지만 여러 나라에 비해 일본의 저렴함은 시원찮은 국내 임금의 결과도 포함하고 있고, 오랜 세월 끝에 축적된 국내외 가격 차이다. 따라서 쉽게 해소될 것이라고 생각하지 않는다.

그렇다면 앞으로는 저렴함을 무기로 부활의 길을 찾는 수밖에 없다. 저렴함, 다시 말해 '사는 게 이득'이 강점이 된 일본의 재화와 서비스를 얼마나 세계에 어필할 수 있는가 하는 것이다. 특히 '특가 서비스'는 관광 대국론과 연결되어 최근 주목받기 쉽다. 미묘한 외교 관계에 있는 중국과 한국 등 인근 국가의 외화 수입에 의존하는 것을 탐탁치 않게 생각하는 정치적 입장도 이해는 간다. 그러나 일본의 사정은 제쳐두고 자유로운 이동을 보장하면 사람, 물건, 돈은 반드시 값싼 소비와 투자처로 모여든다.

하지만 2022년 상반기 일본은 엄격한 입국 규제를 방역 대책이라며 고수해 외국인 관광객을 문전박대하고 말았다. 인구가 감소하고 자원도 부족한 나라가 해외 교류를 스스로 끊겠다는 행위는 매우 위험한 시도로 비친다. 2022년 2월 7일자 〈일본경제신문〉은 '코로나 쇄국으로 일본 이탈 지멘스, 투자 보류'라는 제목으로 세계적으로 특이한 일본의 방역 대책에 대일 투자를 꺼리는 외국 기업의 실상을 보도했다. 뭔가 일이 생겼을 때 직원이나 그 가족이 쫓겨나거나 고립될 위험이 있는 나라를 투자처로 선택하기란 쉽지 않다. 비즈니스 분야 이외에도 비슷한 문제가 일어나고 있다. 일본에서 해외로 여행이나 유학을 할 수 있는 반편 그 반대는 제한한다는 구도는 아무리 생각해도 타국의 반발을 살 수밖에 없다. 이런 상황을 이유로 교환 학생 협정이 무산된다는 것은 매우 안타깝고 아쉬운 일이지만 필연적 귀결이 아닐 수 없다. 이 흐름을 한시라도 빨리 끊지 않으면 일본에 돌이킬 수 없는 피해가 확산될 뿐이다.

향후 일본 경제에서는 최대한 많은 사람, 물건, 돈이 일본으로 흘러들어와 소비되고 투자해줄 수 있는 환경을 마련해야 한다. 이후 다시 자원 가격 하락이나 엔화 강세가 돌아오는 일이 있더라도 2021~2022년의 고통스러운 경험을 되돌아보면 엔고를 예전처럼 매정하게 대하지도 않을 것이다. 일본은 오랫동안 '엔고의 공포'로 고심했고 이를 적대시함으로써 재정·금융 정책 운용도 이에 맞춰 여러 형태를 취해왔다. 그러나 팬데믹과 전쟁을 통해 '엔저의 공포'도 나라 전체가 학습했다. 통화 강세로 망하는 나라는 없어도 그 반대는 있을 수 있다는 당연한 사실은 어느 정도 주지된 것으로 보인다. 지금까지 일본에서는 '엔저야말로 절대 정의'라는 인상이 강해서 이에 반박할 여지가 없다는 분위기가 강했다. 엔고로 하라는 것은 아니다. 그러나 팬데믹과 전쟁을 계기로 일본에서 환율 논의가 엔저와 엔고 양쪽의 입장에서 건설적인 의견이 오가는 질적 변화를 이룬 것이라면 불행 중 다행이라고 생각한다.

2022년 7월

가라카마 다이스케

엔화의 미래

1판 1쇄 발행 | 2023년 6월 26일

지은이 | 가라카마 다이스케
옮긴이 | 신희원
펴낸이 | 이동희
펴낸곳 | ㈜에이지이십일

출판등록 | 제2010-000249호(2004. 1. 20)
주소 | 서울시 마포구 성미산로 1길 5 202호 (03971)
이메일 | eiji2121@naver.com

ISBN 978-89-98342-76-0 (03320)